ENSINO DE LÍNGUA PORTUGUESA
E DOMINAÇÃO

POR QUE NÃO SE APRENDE PORTUGUÊS?

Dados Internacionais de Catalogação na Publicação (CIP)
(Câmara Brasileira do Livro, SP, Brasil)

Simka, Sérgio
 Ensino de língua portuguesa e dominação: por que não se aprende português? / Sérgio Simka. — São Paulo : Musa Editora, 2000.

ISBN 85-85653--52-3

1. – Controle Social 2. Português – Erros de uso 3. Português – Estudo e ensino I. Título.

003719

CDD–469.07

Índices para catálogo sistemático:

1. Dominação político-ideológica e ensino da língua portuguesa   469.07
2. Ensino da língua portuguesa e dominação político-ideológica   469.07

Sérgio Simka

Ensino de língua portuguesa
e dominação
POR QUE NÃO
SE APRENDE
PORTUGUÊS?

EDITORA

© *Sérgio Simka, 2000*
© *The Munch Museum/ The Munch–Ellingsen Group/ BONO 2000 (*The Scream, *1893 by Edvard Munch)*

Capa: Sobre *Edvard Munch,* The Scream *(O Grito), 1893*
Editoração eletrônica: *Eiko Luciana Matsuura e Daniela Sato*
Fotolito: *Presto*
Revisão: *Do Autor*

Todos os direitos reservados.

MUSA
EDITORA

Rua Cardoso de Almeida, 2025
01251-001 São Paulo SP

Telefax: (0**)11 3862 2586
(0**)11 3871 5580

e-mail: musaeditora@uol.com.br
site: www.editoras.com/musa

Impresso no Brasil • 2001 • (2ª ed.)

"Eu sei, mas não devia."

MARINA COLASANTI

SUMÁRIO

APRESENTAÇÃO 11

CAPÍTULO 1
O ESTADO DE USO DA VARIEDADE PADRÃO

AS OCORRÊNCIAS 25
SEGMENTO 1: ADMINISTRAÇÕES PÚBLICAS 28
SEGMENTO 2: INSTITUIÇÕES DE ENSINO 35
SEGMENTO 3: PRODUÇÕES ESCRITAS MODELARES 38
NOTAS 44

CAPÍTULO 2
DOMINAÇÃO SIMBÓLICA

PROPOSIÇÕES DE GRAU 1 52
PROPOSIÇÕES DE GRAU 2 59
NOTAS 70

CAPÍTULO 3
MAXIMIZAÇÃO DA VARIEDADE PADRÃO

O CONCEITO DE MAXIMIZAÇÃO 74
A POSTURA POLÍTICO-IDEOLÓGICA DO EDUCADOR 79
PROPOSTAS E ESTRATÉGIAS NA INSTÂNCIA DA AULA DE PORTUGUÊS 84
PROPOSTAS E ESTRATÉGIAS NA INSTÂNCIA NÃO ESCOLAR 95
NOTAS 100

CONCLUSÃO 105

BIBLIOGRAFIA 113

Apresentação

"U purtuguêis é muinto fáciu di aprender, purqui é uma língua qui a genti iscrevi ixatamenti cumu si fala. Num é cumu inglêis qui dá até vontadi di ri quandu a genti discobri cumu é qui si iscrevi algumas pala-vras. Im purtuguêis não. É só prestátenção. U alemão pur exemplu. Qué coisa mais doida? Num bate nada cum nada. Até nu espanhol qui é parecidu, si iscrevi muinto diferenti. Qui bom qui a minha língua é u purtuguêis. Quem soubé falá sabi iscrevê."

Jô Soares

Este trabalho, originalmente apresentado como dissertação de mestrado no Programa de Estudos Pós-Graduados em Língua Portuguesa da Pontifícia Universidade Católica de São Paulo (PUC-SP), começou a ser imaginado após a constatação de uma série de ocorrências que, somadas, provocaram em nós a atitude direcional de que o ensino de língua portuguesa, tal qual efetuado em nossas escolas, se fazia não só ineficiente como também não estava cumprindo seus objetivos fundamentais. Carecia de uma urgente reformulação.

Tal constatação ocorreu simultaneamente em dois momentos distintos: intramuros do aparelho escolar, quando lecionávamos no 2º grau – hoje chamado ensino médio – e, sobretudo, extramuros do aparelho escolar, na vida cotidiana.

Uma ocorrência intramuros que chamou nossa atenção para o uso do idioma pátrio referia-se ao emprego da estrutura *para mim* em lugar de *para eu*, utilizada por um imenso contingente de pessoas – de qualquer nível sociocultural e econômico, verificação feita em pesquisa posterior[1] – em sua forma gramaticalmente incorreta: o pronome *mim* antes de verbo no infinitivo.

Expressões do tipo "é pra mim fazer", "é pra mim ir", "não deu pra mim esperar você" etc., possuem uma generalização tão firmada na prática comunicativa dos estudantes que estes, ao tomarem conhecimento de que as expressões eram gramaticalmente incorretas, ficavam como que extasiados ante a revelação.

Uma outra ocorrência intramuros pode ser assim sintetizada: "Quando professores de português começam a dizer *pobrema, pra mim fazer, fazem anos que leciono* e afirmam com segurança que excursão é grafada com *ç*, com certeza alguma coisa está errada".[2]

Uma ocorrência extramuros nos fez ficar intranqüilo e pensativo: ao analisarmos os títulos de capitalização denominados *Papa-Tudo* e *Tele Sena*, detectamos uma gama de erros gramaticais inadmissíveis em um texto escrito.

Tome-se como exemplo este trecho representantivo:

No quadro "Veja aqui como você concorre com seu Papa Noel Milionário", lemos estupefatos: "Se até a 4ª. semana não *houverem* ganhadores, será *sorteado* pelo número do título, na mesma data do último sorteio pela TV, a *soma* total dos prêmios acumulados". E porque desgraça pouca não convém: "Atenção: Perderão todo o direito à premiação os Títulos que *houverem* números mal impressos, repetidos ou faltantes (...)".[3]

---

1. *Cf.*, para uma análise mais detida : SIMKA, 1996, *É pra MIM colocar CRASE ou não?*. As referências integrais encontram-se na Bibliografia, ao final do livro.

2. SIMKA, 1990, Propostas e aberrações na educação.

3. SIMKA, 1996c, Idioma pátrio: propagandas veiculadas na mídia merecem correção de linguagem, p. 28 e SIMKA, 1998d, Papa-Tudo, Tele Sena e gramática: uma relação não capitalizável, p. 150.

Houverem? Só nos faltou ter encontrado *menas* escrito sem maiores constrangimentos.

Diante das ocorrências relativas ao uso inadequado da variedade padrão por parte dos educandos, pudemos detectar um problema.

Como não há pesquisa sem questionamento[4], questionamos por que o ensino de português que tem sido feito não tem levado os educandos a dominarem a variedade padrão.

E o problema se agravava à medida que as ocorrências nos impulsionavam – sobretudo as ocorrências extramuros – no sentido de buscar o porquê dessa má utilização da variedade padrão por parte dos que passaram pelo processo de escolarização.

Nesse sentido, propugnamos que o fracasso do ensino de língua portuguesa liga-se à dominação simbólica da classe dominante, que busca assegurar, por uma rede de mecanismos instituídos na aula de português, o atual estado de uso da variedade padrão, visando-se, dessa forma, à sua perpetuação político-ideológica.

A ideologia da dominação simbólica tem por objetivo inculcar, manter e disseminar a síndrome de inferioridade lingüística nos educandos, de modo que esta continue a vigorar após o período de escolarização, ao convencê-los de que, pelo fato de o português ser uma língua "difícil", os educandos se vêem na contingência de falar tudo "errado". Os mecanismos inerentes à aula de português, tal como tem sido tradicionalmente levada a cabo, garantem a perpetuação da síndrome de inferioridade lingüística.

---

4. *Cf.* BEAUD, 1996, *Arte da tese*, p. 14.

Sérgio Simka   Ensino de língua portuguesa e dominação

A função da ideologia é proceder a uma mistificação das consciências, na medida em que os educandos interiorizam, como valores seus e convicções suas, pontos de vista que os convencem da própria inferioridade.

A síndrome de inferioridade lingüística é imposta pela classe dominante a fim de ter mais um recurso de domínio: "a maior vitória para o amo escravocrata não é dobrar o escravo pela intimidação e pela chibata, é persuadi-lo de sua inferioridade, fazê-lo acreditar que esta é a ordem natural das coisas".[5]

Queremos deixar clara a relação existente entre o ensino de língua portuguesa e as condições político-ideológicas desse ensino, que se encontram subjacentes a ele e não são percebidas em sua amplitude, sobretudo numa sociedade de classes como a nossa.

Podemos explicitar essa relação da seguinte maneira: assim como "toda prática educativa contém inevitavelmente uma dimensão política"[6], o ensino de língua portuguesa contém também intrinsecamente uma dimensão político-ideológica.

Em não se levando em conta essa dimensão político-ideológica, estaremos fechando os olhos para o fato de que a classe no poder que domina na esfera material (dominação econômica) domina igualmente na esfera simbólica (dominação cultural), levando para as salas de aula um ponto de vista, em sua essência, totalmente equivocado, ao escamotear uma realidade de dominação, de opressão.

O ensino de língua portuguesa é opressivo na medida em que tem por condição constitutiva a paradoxalidade, ao negar aos

---

5. SROUR, 1990, *Classes, regimes, ideologias*, p. 250.

6. SAVIANI, 1997, *Escola e democracia*, p. 98.

educandos o acesso à variedade padrão a que se propõe, e cujo objetivo liga-se à dominação pela via simbólica, a fim de manter-se a classe dominada distante de sua própria língua como rico instrumento de comunicação, para que esta não só absorva a síndrome de inferioridade lingüística e reproduza para além do período de escolarização, na vida cotidiana, como também interiorize a idéia de que também é uma classe inferior, que deve sujeitar-se àqueles que têm o domínio da variedade padrão. E sujeitar-se àqueles que pensam, por também achar que não sabe pensar, é um pequeno passo.

Por esse motivo não vemos como dissociar o ensino de língua portuguesa de uma dimensão político-ideológica dentro de uma sociedade classista.

Ao realizarmos um estudo centralizado nesse aspecto, que aparentemente foge ao âmbito de um estudo estritamente lingüístico, pretendemos compreender por que o ensino de língua portuguesa que tem sido feito em nossa escola não tem conseguido levar os educandos a terem domínio da variedade padrão.

Uma concepção dessa natureza no ensino de língua portuguesa exige que nós, enquanto professores de língua, nos reeduquemos no sentido de transpor a ponte que nos separa entre um ensino contraditório e um ensino que transcenda a própria contradição, visando-se a uma libertação das consciências.

Essa libertação passa de modo inequívoco pela necessidade de o educador de língua portuguesa conscientizar-se de que tem servido, ainda que inconscientemente, como um instrumento da dominação, como um agente reprodutor da ideologia da classe dominante: "o professor de língua portuguesa reproduz em seu discurso pedagógico, mesmo de forma inconsciente, a ideologia da classe dominante, não ensinando o que os alunos na realidade têm necessidade para um adequado desempenho discursivo, enquanto falantes nativos de uma língua, mas o que é determinado pelo uso padrão"[7].

Como exemplo, citamos a nossa própria prática educativa, que refletia claramente esse aspecto, ao priorizarmos essencialmente conteúdos gramaticais ligados a uma visão unitária de língua, que deságua na dicotomia certo X errado. Quantos de nós não se formaram sob a inspiração desse modelo?

Mesmo que a problemática se reduza à questão da metodologia, não se estaria fugindo à dimensão político-ideológica aqui focalizada. Como "toda e qualquer metodologia de ensino articula uma opção política"[8], depreende-se que a dimensão político-ideológica perpassa todo o sistema.

Trazemos também uma proposta para romper a hegemonia da dominação simbólica: a maximização da variedade padrão em duas instâncias específicas, de modo que possa ocorrer uma apropriação efetiva da variedade padrão por parte dos educandos.

O presente trabalho só foi possível graças ao percurso econômico empreendido, sem o qual, paradoxalmente, este trabalho, com certeza, deixaria de materializar-se neste estudo.

Dessa forma, quando mencionamos, no Capítulo 3, que, subjacente a uma política de língua, deve-se levar em consideração o fator econômico, queremos deixar claro que se trata de uma realização vã empreender uma política de língua sem que se observe, em primeiro lugar, uma mudança nas situações sociais vigentes.

Trata-se do mesmo expediente segundo o qual deve-se mudar alguma coisa para que as coisas permaneçam as mesmas – cita-

---

7. LOPES, 1996, *O professor de língua portuguesa e sua prática pedagógica*, p. 5.

8. GERALDI, 1997, Concepções de linguagem e ensino de português, p. 40.

mos de memória o referido pensamento. Talvez o de B. Brecht não seja apropriado a este raciocínio, mas o citamos da mesma forma, correndo o risco da inadequação – e da pertinácia: "É preciso mudar o mundo. E depois será preciso mudar o mundo mudado."

Por outro lado, paradoxalmente, não podemos inerciar nossas ações, imaginando que um misterioso espírito santo ou qualquer outra deidade oculta misteriosa e metafísica – para usarmos uma imagem de Gramsci[9] – venham acorrer-nos.

Por isso, propomos uma política de língua cuja implementação possa abalar não só o dogmatismo de um estado de uso lingüístico historicamente mantido, como também possa desencadear a consciência de que esse estado de uso da variedade padrão tem servido para manter a classe dominada distante de sua própria língua enquanto rico instrumento comunicativo, distante de privilégios sociais que esse domínio implica.

Em suma, propugnamos desencadear a consciência não só lingüística, mas a consciência de classe.

Que esta ótica – política, porque subverte o dogma predominante, colocando em xeque a estrutura atual – possa ser compreendida não no imediatismo de uma circunstância de desvelamento, mas na dimensão de uma geração, em que nossos filhos e nossos netos – e os filhos e os netos de centenas de outras pessoas – possam se apropriar legitimamente do próprio instrumento comunicativo, ainda que as desigualdades sociais – portanto, econômicas – permaneçam.

Por fim, gostaríamos de consignar nossos agradecimentos à Profa. Dra. Anna Maria Marques Cintra, nossa orientadora; à

---

9. *Cf.* GRAMSCI, 1979, *Os intelectuais e a organização da cultura*, p. 168.

Banca Examinadora; a nossos pais Vladas e Rosa; a Omar Luiz Prado de Godoy, cujo apoio transcendeu em muito a significação que esta palavra pode compreender; à Cidinha e à Aline, pela compreensão a propósito dos momentos de ausência, que – tenham certeza – doeram muito mais em nós; à Sofia Kiausas, pelas palavras de alento quando estas, em momentos cruciais, constituíram a única chama de vida; e a Deus, por ter nos dado Aline, razão de nosso caminho.

Capítulo 1
O Estado de Uso
da Variedade Padrão

"Tanto no magistério, quanto na pesquisa lingüística (e, quando se confessa a si mesma, na filológica), quanto na opinião pública que se crê titulada para pronunciar-se a tal respeito, nela incluídos escritores, magistrados, jornalistas, comunicólogos, profissionais da palavra, há, no Brasil, certo consenso em que o estado da língua, escrita ou falada, é, nesta nossa contemporaneidade, algo que deixa tanto a desejar, que chamar caóticos aos usos que se vêm fazendo da língua é quase eufemismo."

Antonio Houaiss

Podemos afirmar com certa segurança que o uso da variedade padrão por parte da maioria das pessoas, em suas produções orais e/ou escritas, tem contrariado as normas dessa mesma variedade. A variedade padrão é aqui entendida como

> aquela variedade numa comunidade lingüística, que é (...) meio de comunicação supra-regional, resultado de vários processos sociopolíticos e de tradição histórica. A variedade padrão é freqüentemente codificada, isto é, existem normas explícitas para seu uso correto oral e escrito. Serve como transmissor de informação intersubjetiva e é usada freqüentemente no contexto de instituições oficiais e sociais e, em geral, em todos os contextos formais. Esta variedade é ensinada nas escolas e seu uso normalmente traz consigo prestígio e acesso a privilégios sociais.[1]

---

1. HEYE, 1979, Sociolingüística, p. 205.

Trata-se de uma questão que nos tem inquietado e, particularmente, nos deixado perplexo. Por dois motivos.

Primeiro: pressupor que seja uma situação habitual, rotineira, natural, as pessoas falarem ou escreverem sem observarem o português padrão, implica não só aceitarmos pacificamente tal situação, como também implica compartilharmos a opinião generalizada de que a língua portuguesa é um universo esotérico, só acessível aos iniciados.

Evidentemente, levamos em conta as contribuições da Sociolingüística, a propósito do fenômeno da heterogeneidade da língua.

Segundo: causa-nos perplexidade porque, em meio àquela maioria, podem-se encontrar pessoas que passaram, no mínimo, onze anos na escola, e – acrescentemos sem receio de forçar o texto – outros tantos anos na universidade.*

Basta voltarmos nossos olhos para o cotidiano, para todas as esferas de vida das pessoas, compreendidas pela vida familiar, pelo trabalho, pelo lazer, pelas suas relações sociais[2], e observarmos dois aspectos:

1) as formas de interação verbal, produzidas na presença de diversificados interlocutores, em conversas, em diálogos, na exteriorização de um pensamento, ou na transmissão de uma informação;

2) as formas de produção textual, como a elaboração de uma redação escolar, de um relatório técnico, de uma carta, de um ofício, etc.

---

* Indica as NOTAS, no final de cada capítulo.

2. *Cf.* FALCÃO, 1987, *Cotidiano: conhecimento e crítica*, p. 23.

Ao observá-los, constatamos quão calamitosa se encontra a utilização da variedade padrão por parte de pessoas que tiveram a oportunidade de sentar-se nos bancos escolares.

As ocorrências

Para não permanecermos na contemplativa mudez ante o quadro que se nos apresenta, ou para não ficarmos na crítica gratuita sem fornecer o ônus da prova, elencamos um leque de ocorrências que possibilitam apresentar um painel, até certa medida, amplo e significativo, do catastrófico estado em que se encontra o uso da variedade padrão.

As ocorrências coligidas remetem-nos a dois pontos aos quais julgamos merecedores das seguintes considerações.

O primeiro ponto refere-se ao âmbito de produção das referidas ocorrências, sobretudo às condições socioculturais de seus produtores.

As ocorrências não se originaram de manifestações lingüísticas tais como elencadas por Pinto[3] em sua pesquisa (anúncios, avisos e similares; cartas familiares ou sociais), ao analisar as manifestações lingüísticas oriundas do Português Popular Escrito (PPE), realizadas por pessoas de escassa consciência lingüística[4], mas se originaram de situações específicas, em que as produções escritas não partiram de pessoas sem o necessário grau de escolaridade.

As ocorrências, por esse motivo, constituem-se bastante significativas porque não captadas de produções textuais

---

3. *Cf.* PINTO, 1990, *O português popular escrito*, p. 9.

4. *Id.*, p. 12 e 43.

Sérgio Simka Ensino de língua portuguesa e dominação

elaboradas por pessoas em fase de escolarização, mas por indivíduos que passaram – desejamos acreditar – por ela. Foram extraídas de produções escritas consideradas modelares na utilização da variedade padrão, como jornais e revistas de expressão nacional; e provenientes de outros segmentos de representatividade de nosso tecido social, a saber: instituições de ensino (escolas, faculdades e universidades) e administrações públicas.

Desejamos ainda acreditar que se trataria de uma circunstância no mínimo inopinada, por exemplo, uma instituição de ensino, ao pretender divulgar seu produto, endereçasse a tarefa a agências de publicidade não afeiçoadas a esse tipo de trabalho; ou que, no interior delas, se distribuísse a tarefa a pessoas não escolarizadas.

Ou que houvesse, numa instituição de ensino, alguém não familiarizado com as mais elementares regras de gramática prescritiva.

Ou que, numa administração pública municipal, em seu departamento de cultura, não existissem pessoas capazes de utilizar corretamente a própria variedade padrão em cartazes, comunicados impressos, ou mesmo ao se divulgarem as programações culturais por meio do boletim oficial.

Que dizer, para nos restringirmos ao último exemplo, da construção "esposição de artezanato de papel" escrita numa faixa colocada pela Secretaria de Educação, Cultura e Esportes de uma administração pública municipal da região do ABC paulista?[5]

O segundo ponto refere-se à freqüência com que esses usos costumam aparecer, ensejando, de um lado, que não são casos fortuitos, tampouco deslizes de revisão; e, de outro, à sua profu-

---

5. *Cf*. SIMKA, 1998, Língua e incompetência.

são, o que implica reconhecermos a existência de um ignorantismo lingüístico como prática de língua.[6]

As ocorrências encontram-se inventariadas da seguinte maneira:

No Segmento 1 reúnem-se as ocorrências oriundas de administrações públicas.

No Segmento 2 compreendem as ocorrências provenientes de instituições de ensino.

No Segmento 3 as ocorrências originam-se de produções escritas modelares.

Limitar-nos-emos a indicar o material como amostragem de ocorrências que contrariam as normas explícitas da variedade padrão, iniciando pelo Segmento 1.

---

6. *Cf.* SIMKA, 1996a, O ignorantismo como ensino de língua.

SEGMENTO 1: ADMINISTRAÇÕES PÚBLICAS

 **MINISTÉRIO DA FAZENDA**

COMUNICADO
A CAIXA ECONÔMICA FEDERAL, comunica que, hoje, 16/01/98, está inaugurando o Pab Justiça Federal de São Bernardo do Campo, à rua Marechal Deodoro, 2316 - Centro - São Bernardo do Campo/SP.

(*Diário do Grande ABC*, 16 jan. 1998, p.7.)[7]

---

7. Devemos deixar consignado o fato de que as ocorrências coligidas possuem, como prova de veridicidade, explicitadas, em notas apropriadas, sua origem e a data de sua obtenção.

Sérgio Simka   Por que não se aprende português?

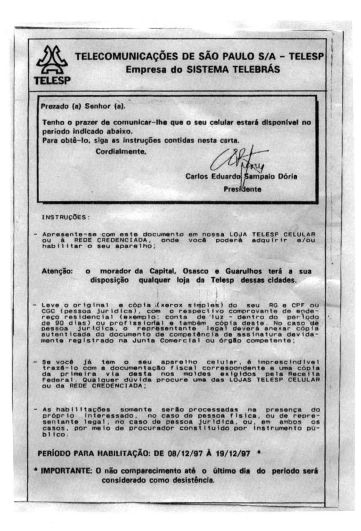

(Ocorrência cedida por um amigo, em novembro de 1997.)

(*O Estado de S. Paulo*, 17 dez. 1997. Economia, p.B9.)

(Folheto distribuído em Mauá, em outubro de 1997, por ocasião do Dia das Crianças.)

(Ocorrência extraída da Agenda Cultural (nov. 1997) elaborada pela Secretaria de Cultura, Esporte e Lazer da Prefeitura Municipal de Santo André.)

(Ocorrência extraída de um cartaz de divulgação de atividades culturais, relativas ao mês de novembro de 1997, a cargo do Departamento de Cultura da Prefeitura Municipal de Santo André. Cartaz obtido em novembro de 1997.)

(Ocorrência extraída da Agenda Cultural (fev. 1998) da Prefeitura Municipal de Santo André.)

(O folheto refere-se ao ano de 1997, obtido em São Bernardo do Campo.)

Sérgio Simka   Por que não se aprende português?

SEGMENTO 2: INSTITUIÇÕES DE ENSINO

ENSINO RELIGIOSO

O ensino religioso, já implantado há sete anos na escola, tem como principal objetivo despertar em nossos alunos o senso de responsabilidade, disciplina, respeito e amor a Deus e ao próximo.
 As aulas são todas embasadas nas Histórias Bíblicas e há uma grande preocupação em respeitar-se a crença individual de cada aluno.
 A implantação do ensino religioso por determinação do Governo (das Leis de Diretrizes Bases), já é algo tradicional em nossa escola e reconhecida como uma experiência que nos tem levado à excelentes resultados, comprovando nosso diferencial em relação às outras escolas.

MATRÍCULAS

Devido a necessidade da comunidade, prorrogamos os descontos até Dez/1997.

(Obtivemos o folheto em 16 jan. 1998, em Santo André.)

(*Diário do Grande ABC*, 8 dez. 1995.)

Sérgio Simka Por que não se aprende português?

> **Obs.1:** Não será permitido, sob hipótese alguma a permanência do candidato em sala, portando documento não relacionado acima; o deslocamento do candidato da sala de exames somente será autorizado com acompanhamento do pessoal devidamente credenciado.
>
> **Obs.2:** Caso algum curso não atinja no mínimo 30 candidatos, a Instituição não realizará o exame para estes mesmos cursos e devolverá a taxa de inscrição paga pelo candidato.

(Ocorrência extraída de impresso a propósito de exame vestibular de uma faculdade estabelecida em Santo André, enviado para o Autor em 20 nov. 1997.)

Especialização em Odontopediatria

Objetivos:

- Capacitar cirurgiões dentistas ao atendimento odontológico à crianças na faixa etária de zero a doze anos, sob os aspectos psicológicos, preventivos e curativos;

(Ocorrência extraída de impresso enviado em fevereiro de 1998 ao Autor por uma universidade estabelecida em São Bernardo do Campo.)

Sérgio Simka   Ensino de língua portuguesa e dominação

SEGMENTO 3: PRODUÇÕES ESCRITAS MODELARES

FITNESS

Músculos à toda prova

(*Revista da Folha*, 25 maio 1997, p. 28.)

Não que não houvessem interessados em recuperar a Record. Quando ela agonizava, surgiram meia dúzia de candidatos: do *Jornal do Brasil* ao ex-governador paulista Orestes Quércia. Um belo dia, o advogado Alberto Haddad apareceu oferecendo US$ 45 milhões,

(*Istoé*, 3 jan. 1996, n. 1370, p. 22.)

> Collor então ordenou:
> — Eu quero que você resolva esse problema do dinheiro.
> — À essa hora, chefe?
> O pepino foi resolvido no dia seguinte pelo cidadão de chinelos, que o Brasil conheceria mais adiante como Paulo César Farias.

(*Istoé*, 3 jan. 1996, n. 1370, p. 23.)

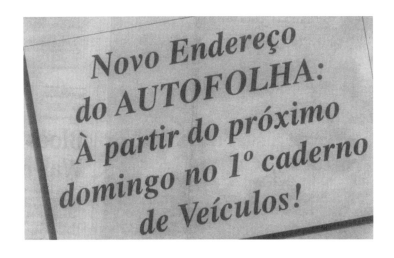

(*Folha de S. Paulo*, 9 jun. 1996.)

O primeiro evento será o de travestis e liberados, que começa hoje e vai até o dia 16, no hotel Guanabara Palace, no centro. A conferência da Ilga começa no dia 18 no hotel Rio Palace, em Copacabana (zona sul), e vai até 25.

Durante a conferência, haverão os Gaymes (jogos gay), versão reduzida da olimpíada gay realizada em 94 em Nova York (EUA).

(*Folha de S. Paulo*, 13 jun. 1995.)

1988 estavam isentos do pagamento do IR parlamentares e juízes, entre outros. A Constituição de 1988 acabou com isso e estabeleceu que o imposto é devido por todos. A excessão ficou por conta dos aposentados com mais de 65 anos.

(*O Estado de S. Paulo*, 27 abr. 1997. Economia, p. B5.)

Sérgio Simka   Por que não se aprende português?

Prêmio Excel vai para aluna da ECA/USP

Renata Aguiar S. de Deos, da Escola de Comunicações e Artes da Universidade de São Paulo, é a vencedora do Prêmio Excel Econômico de Jornalismo 1997 e segue dia 30 de janeiro para uma estadia de cinco meses na Faculdade de Ciências da Informação da Universidade de Navarra, na Espanha. O resultado foi anun-

(*O Estado de S. Paulo*, 17 dez. 1997. Primeiro caderno, p. A12.)

Termina hoje as inscrições para o plano de expansão telefônica de Mauá. Dez mil linhas estão

(*Diário do Grande ABC*, 17 mar. 1995.)

Cabrera Infante vence Prêmio Cervantes de 97

MADRI – O escritor cubano Guillermo Cabrera Infante, venceu ontem o Prêmio Miguel de Cervantes de Literatura de 1977, a premiação de maior prestígio concedida às letras hispanicas e a um autor pelo conjunto de sua obra. O prêmio foi insti-

(*O Estado de S. Paulo*, 10 dez. 1997. Primeiro caderno, p. A15.)

Vagamente semelhante a *Agosto* — que pincelava acontecimentos políticos com amor — *Decadência* aborda uma fase especialmente tensa da história política do Brasil: o período entre 1984 e 1992, em que houveram inúmeros planos econômicos, a

(*Diário do Grande ABC*, 5 set. 1995.)

SANTO ANDRÉ

Pedetista implementa o gabinete itinerante

O vereador Virgílio do Prado (PDT) instituiu em Santo André o gabinete móvel. Segundo ele, a medida visa ampliar o canal de comunicação entre o parlamentar e a população. O pedetista disse que além de prestar serviços na Câmara ainda estará atendendo à domicílio para facilitar o contato com os moradores. "Tanto na Câmara quanto no gabinete móvel estaremos ouvindo as críticas ou sugestões da população", afirmou Virgílio.

(*Diário do Grande ABC*, 18 fev. 1998. Primeiro caderno, p. 4.)

Como acabamos de mostrar, o estado de uso da variedade padrão inspira uma situação até certo ponto habitual, natural, em virtude da maneira como se imprime o uso dessa variedade em nossa realidade. Todavia, faz-se necessário questionarmos até que ponto essa situação habitual, natural não oculta, sob seu manto, a existência de um problema:

Por que o nosso ensino de língua portuguesa não tem cumprido os objetivos que lhe são pertinentes? Por que o nosso ensino de português não tem levado os educandos à apropriação da variedade padrão?

E mais:

Por que, após os anos de escolarização, as pessoas ainda possuem inúmeras falhas em seu desempenho lingüístico, oral e escrito?

Questões que, a nosso ver, encontram-se ligadas à dominação simbólica, que discutiremos no próximo capítulo.

Notas

* A fim de ilustrar o que se afirma, tome-se como exemplo a seguinte construção: "Truxe chocolate pra mim comer". Deixemos que João Batista D. P. Martins, vice-presidente do Diretório Acadêmico do Instituto de Ensino Superior de São Caetano do Sul (SP), desenvolva o comentário:

"A grotesca frase acima não é um produto de uma criança ainda não alfabetizada.

Por incrível que pareça, a 'pérola' que inicia este texto foi desferida contra minha pessoa por um colega de faculdade.

Como isso pode acontecer?

É realmente preocupante que alunos do 3. grau não tenham assimilado, após anos e anos de ensino de Língua Portuguesa, o mínimo necessário para enfrentar o mercado de trabalho.

Imaginem um currículo com a seguinte frase:

'Objetivo do Estágio: Este estágio é pra mim colocar em prática o que aprendi em sala de aula'.

Ótimo objetivo, mas *mim não conjuga verbo*!!!

Há de se entender que é muito difícil alguém escrever assim, mas então, por que se fala assim?"

(João Batista D. P. Martins. Verbos, pronomes e parágrafos. IMES NOTÍCIAS, órgão informativo do Instituto Municipal de Ensino Superior de São Caetano do Sul, ago./set. 1997, n. 35, p. 7.)

O fato é que existem acadêmicos cursando faculdade, os quais não apresentam bom desempenho lingüístico, embora tenham cursado Língua Portuguesa no mínimo por onze anos (*Cf.* Dias, 1998, O ensino de língua através de tema e o desempenho gramatical, p. 77).

Pécora (1992, *Problemas de redação*, p. 58) resume a questão nos seguintes termos: "O caso é que, no Brasil, o fato de que um aluno esteja na universidade não representa uma garantia nem mesmo de que ele seja alfabetizado (pelo menos se entende que alfabetizado é aquele que não apresenta problemas de alfabetização)."

Com relação à afirmação de que "é muito difícil alguém escrever" a forma pra mim em lugar de para eu, devemos examinar a existência de tal possibilidade, ao se considerar que uma pessoa habituada a falar esse tipo de estrutura a utilizará ao escrever. Observe-se o exemplo extraído de um texto (redação) de aluno de 3. colegial, em que utiliza o pronome mim, não obstante o aluno ter visto o assunto durante o curso: "Mas espero que com o ensino que eu aprendi aqui, seja o suficiente para mim competir lá fora, sem medo de errar" (Simka, 1996, *É pra MIM colocar CRASE ou não?*, p. 9).

CAPÍTULO 2
DOMINAÇÃO SIMBÓLICA

"(...) porque a dominação na sociedade ocorre impedindo-se aos dominados a tomada de consciência de sua situação, impossibilitando-lhes assim lutar por transformá-la e por melhorá-la. A dominação não se pode realizar se o dominado adquire consciência dessa dominação e tem interesse em mudá-la."

Ciro Marcondes Filho

O presente capítulo tem por objetivo apresentar nossa reflexão que visa explicar o estado de uso da variedade padrão visto no capítulo anterior.

Nossa abordagem alicerça-se sobre um conjunto de proposições formalizadas com base em dois graus específicos de pertença que, embora a secessão feita com intuito metodológico-descritivo, se encontram inter-relacionados.

As proposições de grau 1 reportam-se ao contexto de dominação de classes a partir do qual a dominação simbólica no ensino de língua portuguesa deve ser compreendida; procurando evidenciar a relação entre a dominação material e a dominação simbólica, clarificam as condições político-ideológicas do ensino de língua portuguesa.

As proposições de grau 1 organizam-se de modo a deixar clara a relação de decorrência existente entre as proposições, já

Sérgio Simka Ensino de língua portuguesa e dominação

que é a partir do contexto de dominação de classes que se estabelece a dominação simbólica que, por sua vez, conduz à alienação lingüística.

As proposições de grau 2 reportam-se ao contexto da aula de português, individualizando o percurso por que se realiza a dominação simbólica.

As proposições de grau 2 organizam-se de modo a deixar clara a relação de subseqüência existente entre as proposições, dado que cada proposição imediatamente formalizada segue a outra, explicando-a.

A seguir, num quadro sinótico, apresentamos uma visualização das proposições que serão explicitadas.

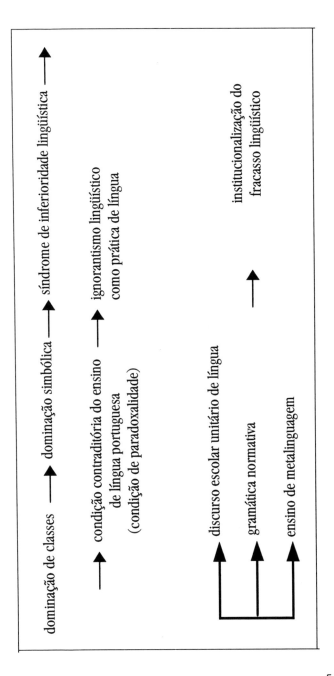

Quadro da dominação simbólica processada no ensino de língua portuguesa

A seguir, explicitaremos o conjunto de proposições, de maneira que possamos discutir como a dominação simbólica se realiza no ensino de língua portuguesa, compreendendo como se perpetua a utilização precária da variedade padrão por parte das pessoas, sobretudo por parte daquelas que se sentaram nos bancos escolares.

Proposições de grau 1

O estado de uso da variedade padrão é decorrente da dominação pela dimensão simbólica instituída no ensino de língua portuguesa.

A dimensão simbólica é entendida, dentro da realidade social, como o "espaço" por onde se realizam atividades sociais com base no pensamento, na reflexão, por onde as pessoas se apropriam do mundo, por onde as pessoas pensam o mundo. Ao se apropriarem do mundo, ao pensá-lo, fazem-no através da apropriação/produção de mensagens, de discursos, de idéias, apropriando-se, também, dos saberes decorrentes da produção nessa dimensão. A apropriação desses saberes se realiza de forma simbólica, ou seja, tal apropriação acontece em nossa mente por meio de representações.

No entanto, nem tudo o que diz respeito à dimensão simbólica se reduz tão-somente ao imaginário, às idéias e às representações mentais, mas se encontra inscrito nas práticas sociais de modo indissociável.

Ou seja: todos os dias procedemos a inúmeros rituais que se regulam por regras sociais que pautam nossas ações. Todos esses rituais constituem práticas sociais que possuem seus padrões de normas e de valores; constituem atividades sociais prenhes de significação: ir à missa, ir a um enterro, ir a uma partida de futebol, ir à escola, etc.

Nesse sentido, "práticas que são estruturadas pelas posições que os agentes coletivos ocupam no espaço social; por isso, práticas que obedecem a normas sociais que visam a reproduzir as relações vigentes, orientam-se por valores que reforçam o processo de acomodação a tudo o que está aí ou que municiam os inconformados para que possam resistir e transformar as relações sociais".[1]

A dominação simbólica no ensino de língua portuguesa ocorre pela inculcação, manutenção e disseminação nos educandos de uma ideologia, perpetuada por práticas reprodutoras dessa ideologia, cuja função é consolidar a síndrome de inferioridade lingüística nos próprios educandos, mesmo após o período de escolarização.

Utilizamos aqui o conceito de ideologia na acepção empregada por Chauí [2]: ocultamento da realidade social.

A eficácia da ideologia vem garantida, de um lado, pela conseqüente apropriação, por parte dos educandos, dessa ideologia — já que a apropriação se dá mentalmente, simbolicamente —, uma vez que consistentemente submetidos, na aula de português, a ela; e, de outro, por meio de práticas que levam os educandos a reconhecerem apenas a existência da "linguagem legítima".

Tais práticas, por reforçarem o processo de dominação simbólica, conduzem os educandos a uma concepção equivocada do fenômeno lingüístico, que o dissocia do fenômeno social.

Dito de outro modo: veicula-se, via ideologia, e internaliza-se, via processo sistemático de inculcação, a concepção de uma

---

1. SROUR, 1990, *Classes, regimes, ideologias*, p. 250.

2. *Cf.* CHAUÍ, 1995, *O que é ideologia*, p. 21.

homogeneidade lingüística, espelhada pela existência – e reconhecimento sistematizado – da "linguagem legítima".

Com efeito, a ideologia, ao negar a heterogeneidade no plano lingüístico, nega, conseqüentemente, a heterogeneidade no plano social, uma vez que a variação no plano lingüístico está correlacionada à variação no plano social.

O ensino de língua portuguesa se orienta pela "produção" sistematizada do reconhecimento de uma "linguagem legítima". Essa produção abriga, em sua linha ideológica, uma série de mecanismos que, engendrados na aula de português, disciplinam que o reconhecimento da "linguagem legítima" seja, efetivamente, garantido, como também evitam que a produção, que leva a esse reconhecimento, seja interrompida.

Tais mecanismos serão enunciados quando da apresentação das proposições de grau 2.

A ideologia da dominação simbólica, ao convencer os educandos de que a "linguagem legítima" se estabelece numa base de complexidade, ao levá-los, via mecanismos que garantem tal raciocínio, a reconhecerem apenas a existência dessa "linguagem legítima" enquanto bloco homogêneo, nega aos educandos o acesso ao conhecimento dessa linguagem, ao uso eficaz e inserido nas normas explícitas que a regem.

E ao negar-lhes tal conhecimento, ao negar-lhes tal uso, nega-lhes, por conseguinte, a possibilidade de ascensão social, uma vez que tal uso "normalmente traz consigo prestígio e acesso a privilégios sociais".[3]

---

3. HEYE, 1979, Sociolingüística, p. 205.

Com efeito,

é exatamente no dia-a-dia que se revela como a falta de educação faz de nós um povo marginalizado. Tome-se como exemplo as agências de emprego: o principal problema enfrentado por elas para preencher as vagas disponíveis se refere à baixa qualificação e nível de instrução dos candidatos, muitos dos quais não sabem falar e escrever corretamente, dificultando a colocação mesmo que possuam alguma experiência. Há candidatos que são reprovados em prova de língua materna; entre os absurdos que eles escrevem estão executivo com "z" e xerox com "ch". A essa falta de instrução básica somem-se as exigências das empresas em face da crise de emprego, para que o fosso da marginalização fique cada vez mais profundo. Como chegar ao Primeiro Mundo com um quadro alarmante desses? Por isso faz-se necessário repensar o atual quadro educacional, a começar pelo ensino fundamental, e investir na capacitação dos nossos mestres. Do contrário, a conseqüência é um país de excluídos, famintos, analfabetos, jogados à própria sorte. Que sorte?[4]

A dominação pela dimensão simbólica deve ser compreendida dentro do contexto de dominação de classes, em que a classe no poder que domina na esfera material (econômica, social e política) domina também na esfera simbólica (das idéias, das mensagens, dos discursos).

O contexto de dominação de classes implica, de um lado, a existência daqueles que possuem o capital e, por isso, detêm os meios de produção ou o controle deles, sendo também os proprietários do produto do trabalho (classe dominante); de outro, a existência daqueles que só possuem a sua própria força de trabalho, que vendem como mercadoria aos proprietários do capital (classe dominada).[5]

---

4. SIMKA, 1997, Quando a educação não é uma palavra abstrata.

5. *Cf.* SOARES, 1994, *Linguagem e escola*, p. 12 e 81 e CHAUÍ, 1995, *O que é ideologia*, p. 62.

A classe dominante vive da exploração e dominação da classe dominada, a partir da divisão social do trabalho, determinada pelo modo de produção capitalista: donos do capital/donos da força de trabalho. A exploração se dá pela apropriação, por parte do capitalista, do valor gerado pelo trabalho excedente não pago.

O salário, ao aparecer como pagamento do trabalho e não da força de trabalho, além de apagar a distinção entre tempo de trabalho necessário – aquele tempo da jornada de trabalho em que o trabalhador produz para pagar o seu salário – e tempo não pago – aquele tempo em que o trabalhador produz um sobre valor de que o capitalista se apropria –, faz da relação de trabalho não uma troca igualitária, como à primeira análise o sistema deixa transparecer, mas uma relação de exploração – apropriação do valor gerado por um trabalho não pago.[6]

A função da ideologia, por se tratar de um dos instrumentos da dominação de classes, tem por objetivo ocultar essa dominação, fazendo com que esta não seja percebida enquanto tal pela classe dominada. Deve, pois, escamotear o fato de que as relações se estabelecem entre classes sociais: uma que se apropria do valor produzido pelo trabalho não pago (classe dominante) e outra que vende sua força de trabalho e é espoliada (classe dominada).

Tem por função, ainda, mascarar a essência do próprio capitalismo, pois, se não houvesse apropriação do valor gerado pelo trabalho não pago, não haveria capital; e não expor a contradição interna do próprio sistema: a realidade do capital se traduz na negação do trabalho (trabalho não pago).

---

6. *Cf.* FIORIN, 1990, *Linguagem e ideologia*, p. 27 e SROUR, 1990, *Classes, regimes, ideologias*, p. 194.

Althusser deixa clara a relação entre a esfera material e a esfera simbólica, ao afirmar que "nenhuma classe pode duravelmente deter o poder de Estado sem exercer simultaneamente a sua hegemonia sobre e nos Aparelhos Ideológicos de Estado".[7]

Sendo a escola um aparelho ideológico de Estado[8], e como a aula de português se realiza dentro desse aparelho, há uma relação unívoca inegável.

Dessa forma, a dominação na esfera simbólica, instituída no ensino de língua portuguesa (alienação lingüística), fecha o "circuito infernal" – para utilizarmos uma expressão de Srour[9] – da dominação na esfera material (exploração econômica e opressão política).

A dominação pela dimensão simbólica tem por objetivo inculcar, manter e disseminar, nos educandos, a síndrome de inferioridade lingüística.

Questão essencial da ideologia da dominação simbólica, a questão da identidade perpassa todo o sistema de dominação.

A síndrome de inferioridade lingüística é inculcada nos educandos por meio do reconhecimento da existência de uma linguagem "legítima" (a variedade padrão), e por meio da conseqüente internalização de convicções e idéias a respeito da língua que, tomadas como convicções suas e idéias suas, acabam convencendo-os da própria inferioridade lingüística.

Instaura-se em conseqüência um processo alienante, em que os educandos ficam neutralizados em sua capacidade de

---

7. ALTHUSSER, 1980, *Ideologia e aparelhos ideológicos do estado*, p. 49.

8. *Id.*, p. 44.

9. *Cf.* SROUR, 1990, *Classes, regimes, ideologias*, p. 252.

apreenderem, objetivamente, a realidade de dominação de classes a que se encontram sujeitados, como também se transformam em repetidores, inclusive após a cessação do período de escolarização, de uma concepção de língua que os convence de sua própria inferioridade.

Essas convicções e idéias ligam-se à crença – consagrada pelos mecanismos instituídos na aula de português que fundamentam tal crença – de que, pelo fato de a língua portuguesa constituir um "universo esotérico, só acessível a iniciados"[10], os educandos tendem a falar um português "errado".

Tal crença acaba trazendo prejuízos imensos à prática lingüística, como o bloqueio da criatividade, a inibição da linguagem e, como não bastasse, uma sensação de incapacidade e insegurança, levando os educandos a internalizarem a perigosa idéia de que somos um povo inferior, cidadãos incapazes inclusive e até na própria língua do País.[11] .

Dessa forma, a síndrome de inferioridade lingüística tende a se perpetuar após o processo de escolarização, quando os indivíduos necessitam utilizar a variedade padrão para atender a diversas finalidades comunicativas. Restará a eles tão-somente a convicção de que o português é, peremptoriamente, uma língua muito "difícil", que só uns poucos conseguem dominar.

Todo esse procedimento em relação à língua corresponde à ideologia da dominação simbólica: de um lado, reconhece-se que a língua portuguesa é "difícil"; mas, de outro, desconhece-se que tal "dificuldade" implica a dominação pela dimensão simbólica.

---

10. LUFT, 1993, *Língua e liberdade*, p. 94.

11. *Id.*, p. 94.

Proposições de grau 2

O estado de uso da variedade padrão decorre do ensino dessa variedade, que encerra uma condição contraditória (condição de paradoxalidade).

Postulamos que o ensino da variedade padrão encerra uma condição contraditória, na medida em que o ensino que tem sido feito não tem conseguido nem ao menos o seu objetivo de levar os educandos a desenvolverem uma competência que se considere satisfatória no uso do português padrão.[12]

Acresce considerar que, pelo fato de praticamente todo o ensino de português na escola restringir-se ao ensino da variedade padrão, como explicar que ela, ainda assim, não seja adquirida pela maioria dos educandos?[13]

Essa condição contraditória do ensino de língua portuguesa, a qual chamaremos doravante condição de paradoxalidade, autoriza-nos a formular a asserção com base em que o ensino de língua portuguesa, incumbido de promover a variedade padrão entre seus educandos, não apenas tem falhado em sua tarefa como também tem contribuído para distanciá-los ainda mais do alcance da referida variedade, aprofundando um abismo entre o que o ensino de português preconiza como ensino (saber transmitido) e o que efetivamente o educando sistematiza como aprendizagem (saber adquirido).

O distanciamento proveniente entre o saber transmitido e o saber adquirido é percebido pelos próprios educandos, quando estes se referem a suas aulas de Português.

---

12. *Cf.* TRAVAGLIA, 1996, *Gramática e interação*, p. 40.

13. *Cf.* PÉCORA, 1992, *Problemas de redação*, p. 44.

As menções traduzem, em grande medida, um descontentamento progressivo, espelhado nas afirmações do tipo: "português é difícil demais", "o português é a língua mais difícil do mundo", "Português é a matéria mais chata", "a aula de Português não serve para nada, pois não possui grande relação com fatos observáveis", etc. etc.

Com efeito, este distanciamento, que leva "egressos de nossas escolas a declararem em bom Português que não sabem Português ou que Português é uma línga muito difícil"[14], se reflete, de modo óbvio, em território exterior aos muros da escola, na vida cotidiana, em circunstâncias nas quais existe, por parte das pessoas, a necessidade de utilizar a variedade padrão para atender a finalidades comunicativas.

A condição de paradoxalidade é a condição *sine qua non* que possibilita à variedade padrão continuar a ser utilizada como forma de dominação.

A condição de paradoxalidade implica o ignorantismo lingüístico como gerador de mecanismos garantidores do estado de uso da variedade padrão.

No entanto, a condição de paradoxalidade, ela mesma, não dispõe de força intrínseca necessária para levar a termo o processo de dominação simbólica, já que ela é, essencialmente, uma condição para deflagrar-se o referido processo. A condição de paradoxalidade necessita integrar-se ao ignorantismo lingüístico que, como prática de língua, tem condições objetivas (materiais) de conduzir e manter o processo de dominação.

O ignorantismo lingüístico é assim por nós denominado porque procura, objetivamente, atuar dentro de um amplo feixe de

---

14. TRAVAGLIA, 1996, *Gramática e interação*, p. 230.

Sérgio Simka Por que não se aprende português?

representações e de práticas que, ao mesmo tempo que garantem a fixação e a perpetuação de um *habitus*, culminam na institucionalização do fracasso lingüístico.

O *habitus* de que falamos é no sentido proposto por Bourdieu & Passeron, ou seja, uma formação durável "como produto da interiorização dos princípios de um arbitrário cutural capaz de perpetuar-se após a cessação da ação pedagógica e por isso de perpetuar nas práticas os princípios do arbitrário interiorizado".[15]

O ignorantismo lingüístico objetiva:

a) dissimular o aspecto constitutivo de sua prática, que é o de, obviamente, atender ao processo de dominação simbólica;

b) ocultar o paradoxo de que se reveste o ensino de português, por proporcionar aquilo que na verdade não tem condições de fornecer;

c) manter um estado de uso precário da variedade padrão, por meio de mecanismos que condicionem essa prática ao simples reconhecimento da variedade padrão,

d) garantir a institucionalização do fracasso lingüístico.

Os mecanismos garantidores se apresentam como o discurso escolar unitário de língua, a gramática normativa e o ensino de metalinguagem.

O ignorantismo lingüístico, para poder cumprir os objetivos acima elencados, busca, primeiro, num discurso escolar unitário de língua os fundamentos de que precisa para sustentar-se; e ao sustentar-se, tem condições de escamotear seu aspecto constitutivo de dominação simbólica, encobrindo dessa forma a natureza falaciosa do processo de ensino da variedade padrão.

---

15. BOURDIEU & PASSERON, 1982, *A reprodução*, p. 44.

O discurso escolar unitário de língua assenta-se numa linha cujo pressuposto básico – ao mesmo tempo que o justifica, garante-lhe um cunho de cientificidade (na verdade, uma pseudocientificidade) – é o de considerar a língua portuguesa um bloco homogêneo, compacto. E ao considerá-la como tal, o discurso escolar conseqüentemente nega a heterogeneidade da língua.

Enquanto discurso autoritário, o discurso escolar constitui também um discurso do poder[16] , e que, historicamente, é dado como "legítimo" (na verdade, "legitimado").[17] Enquanto discurso do poder, o discurso escolar cria a noção de erro e, por conseguinte, o sentimento de culpa, pelo fato de haver, nesse discurso, uma voz segura e auto-suficiente.

À medida que impõe o conceito de língua homogênea, isto é, à medida que considera como "correta" apenas a linguagem da classe dominante, o discurso escolar unitário acaba estigmatizando a linguagem dos usuários que falam em desacordo com o preceituado por esse discurso.

Ao estigmatizar a linguagem dos usuários, acaba, em conseqüência, estigmatizando os próprios usuários, na medida em que "uma variedade lingüística 'vale' o que 'valem' na sociedade os seus falantes, isto é, vale como reflexo do poder e da autoridade que eles têm nas relações econômicas e sociais".[18]

---

16. *Cf.* ORLANDI, 1996, *A Linguagem e seu funcionamento*, p. 17.

17. A legitimação é o "processo de dar 'idoneidade' ou 'dignidade' a uma ordem de natureza política, para que seja reconhecida e aceita" (Habermas, *apud* GNERRE, 1994, *Linguagem, escrita e poder*, p. 8).

18. GNERRE, 1994, *Linguagem, escrita e poder*, p. 6-7.

É o que Bourdieu & Passeron[19] denominam violência simbólica, ou seja, a imposição da cultura da classe dominante – incluindo-se a linguagem –, apresentadas como cultura e linguagem "legítimas", à classe dominada, de modo que a dominação possa perpetuar-se.

Para que o discurso escolar unitário de língua possa ser transmitido pedagogicamente, atendendo às prerrogativas de dominação e paradoxo, o ignorantismo lingüístico acionará dois mecanismos que, ocupando-se ao mesmo tempo da tarefa de homogeneizar o conhecimento veiculado pelo discurso escolar, mantenham o estado de uso da variedade padrão efetivado pelo ensino de língua portuguesa.

O primeiro mecanismo refere-se à gramática normativa.

Com efeito, quando comumente nos referimos ao ensino de língua portuguesa, a primeira concepção que nos vem à mente é a de um ensino centrado na gramática normativa.

Como observa Travaglia, o "ensino de gramática em nossas escolas tem sido primordialmente prescritivo, apegando-se a regras de gramática normativa que (...) são estabelecidas de acordo com a tradição literária clássica, da qual é tirada a maioria dos exemplos".[20]

Não podia ser diferente, porque à medida que o discurso escolar privilegia um aspecto da língua, o padrão, ele deve refutar, até por questões de sobrevivência, as outras variedades inerentes a essa língua.

Nesse sentido, a excessiva inclinação à gramática normativa cumpre perfeitamente o papel de homogeneizar um quadro que,

---

19. *Cf.* BOURDIEU & PASSERON, 1982, *A reprodução.*

20. TRAVAGLIA, 1996, *Gramática e interação,* p. 101.

na verdade, é heterogêneo. Essa homogeneização compele o ensino de português, e o educador nele inserido, a veicular uma visão de língua homogênea, tradicionalmente disseminada pela classe dominante por meio do aparelho escolar, de sorte que continue a existir o que Santos[21] chama de irrealismo escolar.

A adoção da gramática normativa leva a um outro extremo do processo, quando o educador se vê na tarefa de repassar minuciosamente todos os capítulos da respectiva teoria gramatical, colocando ênfase nas exceções, no raro, no exótico[22], transformando-se a aula de português numa sobrecarga de inutilidades.

Ocorre que o ensino efetuado dessa forma torna-se desestimulador para o educando, que além de não encontrar sentido no que está estudando, acaba classificando as aulas de Português de "cultura inútil".

Disso decorre, segundo Luft[23], o mais grave dano causado por um ensino de língua portuguesa fundado na teorização gramatical: a relação negativa do falante com seu próprio instrumento de comunicação.

Como se pode inferir – e aqui retomamos Orlandi[24] –, o discurso escolar unitário de língua cria a noção de erro e, portanto, o sentimento de culpa, cuja estratégia, a posição final, aparece como o esmagamento do outro.

O segundo mecanismo refere-se ao ensino de metalinguagem, após a constatação de que o ensino de gramática normativa en-

---

21. *Cf.* SANTOS, 1996, *Certo ou errado?*, p. 23 e 110.

22. *Cf.* LUFT, 1993, *Língua e liberdade*, p. 44.

23. *Id.*, p. 94.

24. *Cf.* ORLANDI, 1996, *A linguagem e seu funcionamento*, p. 17.

Sérgio Simka   Por que não se aprende português?

contra-se desprestigiado em face de críticas aos valores da gramática tradicional. *

Travaglia sintetiza o quadro do ensino de metalinguagem no ensino de português:

> Observa-se também uma concentração muito grande no uso de metalinguagem no ensino de gramática teórica para a identificação e classificação de categorias, relações e funções dos elementos lingüísticos, o que caracterizaria um ensino descritivo, embora baseado, com freqüência, em descrições de qualidade questionável. A maior parte do tempo das aulas é gasta no aprendizado e utilização dessa metalinguagem, que não avança pois, ano após ano, se insiste na repetição dos mesmos tópicos gramaticais: classificação de palavras e sua flexão, análise sintática do período simples e composto a que se acrescentam ainda noções de processos de formação de palavras e regras de regência e concordância, bem como regras de acentuação e pontuação.[25]

É também oportuno – e não poderíamos deixar de incluí-lo na íntegra –, o lúcido comentário de Geraldi, a propósito do ensino de metalinguagem:

> Parece-me que o mais caótico da atual situação do ensino de língua portuguesa em escolas de primeiro grau consiste precisamente no ensino, para alunos que nem sequer dominam a variedade culta, de uma metalinguagem de análise dessa variedade – com exercícios contínuos de descrição gramatical, estudo de regras e hipóteses de análise de problemas que mesmo especialistas não estão seguros de como resolver.[26]

---

25. TRAVAGLIA, 1996, *Gramática e interação*, p. 101-2.

26. GERALDI, 1997, Concepções de linguagem e ensino de português, p. 45.

Continua Geraldi:

> Entretanto, uma coisa é saber a língua, isto é, dominar as habilidades de uso da língua em situações concretas de interação, entendendo e produzindo enunciados, percebendo as diferenças entre uma forma de expressão e outra. Outra, é saber analisar uma língua dominando conceitos e metalinguagens a partir dos quais se fala sobre a língua, se apresentam suas características estruturais e de uso (...). Mais modernamente, as descrições tradicionais foram substituídas por descrições da teoria da comunicação, e hoje o aluno sabe o que é emissor, receptor, mensagem, etc. Na verdade, substituiu-se uma metalinguagem por outra![27]

Outros autores corroboram o ponto de vista acerca do ensino da metalinguagem. A fim de não nos estendermos demasiado em citações, podemos mencionar Luft (1993, *Língua e liberdade*), Ilari (1992, *A lingüística e o ensino da língua portuguesa*), Neves (1994, *Gramática na escola*), Possenti (1996, *Por que (não) ensinar gramática na escola*), Beltran (1989, *O ensino de português*) e Silva *et alii* (1986, *O ensino de língua portuguesa no primeiro grau*).

O ignorantismo lingüístico como prática de língua, portanto, mantém um estado de uso precário em relação à variedade padrão, na medida em que produz, via ensino de português, um reconhecimento sem conhecimento[28] , favorecendo para o educando a construção do fetichismo da língua, em que o educando a vê como coisa, como algo que tem existência independente dos falantes, valendo por si mesma e devendo orientar a atividade lingüística deles.

Com efeito, o ensino da variedade padrão, pelos mecanismos apontados, leva a que os educandos reconheçam a existência da

---

27. *Id.*, p. 45-6.

28. *Cf.* Bourdieu, *apud* BATISTA, 1997, *Aula de português*, p. 108.

linguagem "legítima", mas não lhes proporciona o conhecimento dessa linguagem, conhecimento entendido como a capacidade de produção e de consumo da linguagem "legítima".[29]

Numa palavra: o ensino de língua portuguesa leva os educandos a reconhecer a existência de uma maneira de falar e escrever considerada "legítima", diferente daquela que dominam, mas não os leva a conhecer essa maneira de falar e escrever, isto é, a saber produzi-la e consumi-la.[30]

Os mecanismos garantidores visam à institucionalização do fracasso lingüístico.

Os mecanismos apontados anteriormente podem, se não explicar, ao menos tentar compreender o que se denominou, nos estudos acerca do português, crise na linguagem ou fracasso do ensino de português, já que o fracasso é incontestável, e cujos reflexos podem ser detectados em nosso cotidiano, como as ocorrências trazidas no Capítulo 1 procuraram evidenciar.

Nesse sentido, podemos lançar a assertiva de que o chamado fracasso do ensino de português, materializado em virtude de uma rede de mecanismos instituídos no próprio ensino de língua, assume a feição de um fracasso lingüístico institucionalizado pela classe dominante, cujo propósito prende-se à permanência do estado de uso da variedade padrão, para atender, pois, a interesses de sua perpetuação político-ideológica.

No entanto, a institucionalização do fracasso lingüístico não pode ser percebida em sua realidade pela classe dominada, o que leva a classe dominante à necessidade de mascarar sua origem.

---

29. *Cf.* SOARES, 1994, *Linguagem e escola*, p. 63.

30. *Id.*, p. 63.

O mascaramento se processa por meio de dois graus de véus ideológicos (aqui tomados no sentido que dá Fourez).[31]

O discurso ideológico de primeiro grau designa as representações da construção das quais se podem ainda encontrar os vestígios.

Nesse sentido, a fim de que os vestígios não sejam atribuídos diretamente à institucionalização do fracasso lingüístico, aqueles são direcionados para o trinômio educando-educador-gramática, enquanto um todo indissolvível e unívoco, ou seccionadas as partes que servirem ao objetivo de mascaramento do fracasso.

Dessa forma, atribui-se o fracasso à figura do educando pelo fato de ele não possuir vocabulário, falar em níveis culturais inferiores, recorrer freqüentemente a gírias e a expressões de baixo calão, falar com muito "erro", não se aplicar condignamente nos pontos abordados, aliado a um visível e crescente desinteresse, e em síntese, por não estudar.

No âmbito desse grau, pode-se atribuir o fracasso à figura do educador que, pelo fato de possuir uma formação didático-acadêmica de qualidade duvidosa – porque oriundo de cursos de graduação pouco consistentes, cujos conhecimentos acerca da linguagem caminham para a superficialidade e, não raras vezes, para a equivocação, e atrelado a metodologias de ensino ultrapassadas –, consegue sem esforço algum transformar o aprendizado, desinteressante e enfadonho, num infortúnio ainda mais melancólico e martirizante a educandos desmotivados e intranqüilos, que alimentam sua ojeriza às aulas de português.

Por fim, pode-se atribuir o fracasso também a uma gramática tradicional eivada de falhas que dizem respeito tanto ao conteúdo

---

31. *Cf.* FOUREZ, 1995, *A construção das ciências,* p. 186-8.

quanto à sua apresentação[32] ; uma gramática que continua sendo, para a maioria, "árida e desconcertante: seletiva no mau sentido do termo, e fiel nisso à tradição dos séculos XVIII e XIX, que ela perpetua"[33], e cujo ensino é "uma rotina obtusa e sem finalidade, sem qualquer importância para o tipo de vida que os alunos algum dia levarão".[34]

O discurso ideológico de primeiro grau cumpre a tarefa de responder à pergunta tradicionalmente feita acerca da existência de culpados pelo fracasso. Se, no ensino, existem fracasso e culpados, por que não conjugá-los no trinômio educando-educador-gramática?

O discurso ideológico de segundo grau designa as representações da construção das quais a maior parte dos vestígios da referida construção foram suprimidos.

Nesse sentido, o referido discurso nos remete à própria dominação simbólica que perpassa a institucionalização do fracasso lingüístico e que, em última instância, a inspira e a sustenta.

O que os graus de véus ideológicos nunca poderão transparecer é o modelo sobre o qual está assentado o próprio ensino de português. Todavia, a classe no poder poderá colocar em xeque o trinômio educando-educador-gramática, quando ameaçada por circunstâncias que porventura possam escapar de seus tentáculos.

---

32. *Cf.* ROULET, 1978, *Teorias lingüísticas, gramáticas e ensino de línguas*, p. 1-17; STAUB, 1992, Perguntas e afirmações que devem ser analisadas, p. 23-4; PERINI, 1985, *Para uma nova gramática do português* e PERINI, 1997, *Sofrendo a gramática*; entre outros.

33. GENOUVRIER & PEYTARD, 1974, *Lingüística e ensino do português*, p. 147.

34. HALLIDAY, McINTOSH & STREVENS, 1974, *As ciências lingüísticas e o ensino de línguas*, p. 310.

Quando, por exemplo, ameaçada por questionamentos acerca da origem política desse fracasso, numa sociedade rigidamente estratificada como a nossa.

Porém, mesmo assim, a ideologia da dominação simbólica contará com mecanismos inibidores cujo objetivo será o de minimizar os questionamentos de tal forma que estes não consigam ultrapassar o limite de sua idealização.

NOTAS

* Conforme Neves (1994, *Gramática na escola*, p. 47), "o ensino da gramática normativa foi, em grande porcentagem, substituído pelo ensino da gramática descritiva, especialmente taxionômica. O que se sistematiza é o quadro de entidades da língua (classes e subclasses), os paradigmas, as estruturas. O que se cobra, realmente, é o reconhecimento de unidades e o reconhecimento de funções intrafrásicas".

Para a Autora (*Id.*, p. 47), "essa é a resposta dos professores à cobrança que deles se faz de uma 'modernização' do ensino da gramática, já que a ênfase no ensino de normas de uso da língua ficou suficientemente estigmatizada para que o professor se negue a manter-se nele (ou se negue a confessar que nele se mantém)".

Capítulo 3:
Maximização da Variedade Padrão

"(...) a educação pode desenvolver também um discurso contra-ideológico, ou seja, desnudar, explicitando-o, o vínculo que relaciona as várias formas de discurso às condições sociais que o engendram e tornando manifestas as causações reais, denunciando as explicações que apelam para causações que o são apenas na aparência. Sem dúvida, o funcionamento ideológico, no sentido de mascaramento, é mais mecânico, mais automático, dotado de certa espontaneidade. Já o funcionamento contra-ideologizante pressupõe um esforço contra a inércia e o élan espontâneo de uma razão quase que instintiva."

Antonio Joaquim Severino

Entendemos que a dominação simbólica mantém sua hegemonia graças ao espaço em que se realiza o ensino da variedade padrão, ou seja, a instância da aula de português.

À medida que o ensino da variedade padrão permanece circunscrito à própria aula, as possibilidades de apropriação dessa variedade se reduzem, em virtude dos mecanismos instituídos pelo ensino, e pelo fato de a variedade padrão não ser vivenciada pelo educando quando de sua interação fora da instância da aula de português.

Acreditamos que a integração entre a instância da aula de português e a instância não escolar pode tornar-se uma estratégia de rompimento da dominação e ao mesmo tempo de apropriação da variedade padrão, na medida em que, de um lado, anulam-se os mecanismos reprodutores do estado de uso da variedade padrão, neutralizando-se o círculo do reconhecimento de uma linguagem "legítima" (na verdade, "legitimada"), pela consciência dessa dominação e pela prática imersiva na variedade padrão; e, de outro, pela operacionalização, na instância não escolar, do conhecimento advindo da aula de português.

A essa integração denominamos maximização.

O CONCEITO DE MAXIMIZAÇÃO

A maximização implica necessariamente a relação simétrica entre as instâncias, uma vez que, pelo fato de uma instância implicar a outra, não podemos sequer proceder a uma secessão, e maximizar a variedade padrão, por exemplo, apenas na instância não escolar, nas circunstâncias microssociais, esquecendo ou deixando para trás todo o contexto macrossocial; e o inverso também é válido: não podemos pretender maximizar a variedade padrão na instância da aula de português, para nos esquecer das situações socioculturais e das circunstâncias comunicacionais. Ademais, quando verificamos o quadro conjuntural hodierno, e constatamos que o ensino da variedade padrão não tem levado os educandos a uma apropriação eficaz, e que essa não-apropriação acaba por se refletir na instância não escolar, a simetria possibilita a consolidação da variedade padrão em dois pólos distintos, resultando na apropriação efetiva por parte dos educandos, porque imersos tanto na instância da aula de português, quanto na instância não escolar.

O conceito de maximização implica também o que denominamos macromomento, ou seja, implica levarmos em conta a conjuntura sócio-histórico-ideológica vivenciada por uma determinada sociedade em um dado momento de sua história.

Trata-se da conjuntura em que vivemos, assinalada, de um lado, por uma perversa desigualdade em nosso tecido social, * levando-se a diferençar, de maneira nítida, entre camada de baixo poder aquisitivo e a de alto poder aquisitivo; e, de outro, conseqüentemente, por uma disparidade cultural e educacional, traduzida, em números absolutos, por 15 milhões de analfabetos.[1]

Essa desigualdade social é fundada no modelo de sociedade capitalista, por isso institucionaliza-se um óbice que produz como resultado o fato de a grande parcela de nossa população ser impedida de ter as condições materiais que possibilitariam a ela aspirar a uma vida condigna em termos sociais, econômicos, culturais e educacionais.

Nesse sentido, essa população fica privada do acesso aos estudos, e conseqüentemente de sentar-se nos bancos escolares e deles não se evadir, de freqüentar um curso superior, ou mesmo de ingressar num curso de pós-graduação, a fim de que o futuro seja para essa população menos desfavorável e, em síntese, menos dramático.

Nessa perspectiva, a maximização da variedade padrão na instância da aula de português se faz radicalmente necessária, sobretudo para a classe popular.

Não se deve, entretanto, aderir a um viés segundo o qual, como a variedade padrão serve à classe de poder e não à classe menos favorecida, deve-se adotar uma postura mais liberal em relação ao ensino da variedade padrão.

Tal postura fere qualquer princípio de cidadania, porquanto se traduz numa forma de restringir sobremaneira o desejo de a pessoa, inserida numa sociedade estratificada, atuar dentro dessa mesma sociedade, a começar pela sua ascensão na escala social, já que existe, por parte das camadas inferiores, certa aspiração de ascender às camadas mais elevadas.[2]

---

1. Cf. *Folha de S. Paulo*, 29 abr. 2000. São Paulo, p. 3.

2. Cf. GOFFMAN, 1996, *A representação do eu na vida cotidiana*, p. 41.

A conseqüência disso tudo afigura-se-nos inevitável: numa sociedade de classes como a nossa, aprofundar-se-á ainda mais o abismo das disparidades sociais, ao invés de estreitá-lo.

Cônscio estamos de que as disparidades sociais não diminuirão com a maximização da variedade padrão, pois a base da mudança reside no fator econômico.

Com efeito,

> se quisermos que todos os segmentos da sociedade brasileira dominem a linguagem culta, temos que atacar as causas. Temos que acabar com as injustiças na distribuição da renda, temos que acabar com a miséria do povo. A língua é o reflexo da sociedade em que é usada. Se esta for rica, economicamente forte, a língua será necessariamente complexa e sofisticada. Se for pobre, de desnutridos e subnutridos, a língua será simples, sem grandes pretensões à universalidade, embora isso não signifique que ela seja deformada, feia; torta e que, portanto, deva ser endireitada.[3]

Numa palavra: "a mudança de linguagem viria a reboque da mudança sócio-econômica".[4]

No entanto, não podemos ficar insensível ante o quadro social que se apresenta; devemos nós mesmos propor uma mudança na realidade, e não aguardá-la pacientemente.

Por essa razão, a maximização da variedade padrão tanto na instância da aula de português, quanto na instância não escolar visa não à exclusão da maioria das pessoas, como o presente ponto de vista pode aparentemente suscitar, mas à inclusão dessa maioria num universo muito mais amplo, em que se oportunizem condições para ascensão tanto pessoal quanto pro-

---

3. COUTO, 1986, *O que é português brasileiro*, p. 84.

4. *Id.*, p. 66.

fissional, uma vez que se sabe que a linguagem é um fator de categorização social.[5]

Porque a sociedade não só julga *o que se diz* como também *quem diz*. E a linguagem, nesse aspecto, é altamente reveladora, na medida em que não transmite apenas informações – função referencial denotativa – como também denuncia nossa posição na sociedade em que vivemos, a região de onde viemos, o nosso ponto de vista e a nossa escolaridade.

Dentro desse complexo, a linguagem é considerada um índice de poder.[6]

O conceito de maximização projeta a contradição de a variedade padrão ser utilizada como instrumento de domínio, pois entendemos que a variedade padrão pode ao mesmo tempo servir também como instrumento para romper esse domínio.

Nas palavras de Saviani:

> Se os membros das camadas populares não dominam os conteúdos culturais, eles não podem fazer valer os seus interesses, porque ficam desarmados contra os dominadores, que se servem exatamente desses conteúdos culturais para legitimar e consolidar a sua dominação. Eu costumo, às vezes, enunciar isso da seguinte forma: o dominado não se liberta se ele não vier a dominar aquilo que os dominantes dominam. Então, dominar o que os dominantes dominam é condição de libertação.[7]

Ao conceito de maximização devem ser associadas também duas idéias que necessariamente se imbricam:

---

5. *Cf.* CASTILHO, 1973, O estudo da norma culta do português do Brasil, p. 21.

6. *Cf.* GNERRE, 1994, *Linguagem, escrita e poder.*

7. SAVIANI, 1997, *Escola e democracia,* p. 66.

Primeira, o conceito de maximização deve ser compreendido não no sentido de uma radicalização em virtude do fato de a maioria das pessoas, após os onze anos de estudo de língua portuguesa, deles saírem sem conhecerem e utilizarem competentemente a variedade padrão, mas essencialmente no sentido de uma prática imersiva, em que se oportunizem aos educandos a exposição e a participação constantes a uma gama de situações lingüísticas significativas, dentro e fora do ambiente escolar.

Nesse sentido, quanto mais o educando estiver em contato com a variedade padrão (exposto a ela), mais possibilidades terá de não só reconhecê-la, como – prioritariamente – de conhecê-la e utilizá-la em seu ambiente, de forma que, em se apropriando dela, possa efetivamente potencializar seu uso, ou seja, possa ser capaz de produzi-la e consumi-la.

Dessa forma, o educando estará rompendo com o ignorantismo lingüístico que, como prática de língua, impede a apropriação da variedade padrão por parte dos dominados.

Segunda, no sentido de conscientização, na medida em que não basta ao educando utilizar tão-somente a variedade padrão, mas saber – primordialmente – por que e para que está utilizando esse tipo de variedade, utilização essa cuja característica principal é a consciência das implicações político-ideológicas que subjazem a seu emprego.

Nesse sentido, a maximização da variedade padrão também envolve a consciência de classe, na medida em que explicita as relações entre o conceito de variedade padrão e a classe que o detém, o porquê de uma classe subordinar-se à variedade padrão e não a uma variedade considerada não-padrão, para poder ascender profissionalmente, socialmente, etc. Relações que, em última análise, se dão na base das relações de produção numa sociedade capitalista.

Sérgio Simka   Por que não se aprende português?

A POSTURA POLÍTICO-IDEOLÓGICA DO EDUCADOR

Para que se rompa a dominação simbólica no ensino de língua portuguesa, é imprescindível que o educador tenha, peremptoriamente, clara:

a) a consciência da dominação simbólica processada no ensino de língua portuguesa, já que "a dominação na sociedade ocorre impedindo-se aos dominados a tomada de consciência de sua situação, impossibilitando-lhes assim lutar por transformá-la e por melhorá-la".[8]

b) sua função precípua no contexto escolar, uma vez que, sem o educador, qualquer projeto que ambicione promover um amplo trabalho de mudança da estrutura escolar e das práticas pedagógicas – desde que o educador, por sua vez, tencione fazer o mesmo com os educandos – resultará em um engodo pedagógico;

c) sua postura político-ideológica:

É por isso que o educador tem, necessariamente, que ter clara a sua relação com a política. O educador ou a educadora têm que se perguntar sobre a favor de quem exercem sua prática educativa. Tem de perguntar-se sobre a favor de quem atua como educador. É preciso decidir se fica ao lado dos poderosos, dos dominantes, ou ao lado dos oprimidos, das classes sociais dominadas.[9]

Mais:

O Professor não pode esconder de um estudante qual é a sua identidade política (...). O professor que se nega no plano ideológico e político, ele se nega também como educador. Por isso é imperativo:

---

8. MARCONDES FILHO, 1985, *O que todo cidadão precisa saber sobre ideologia*, p. 91.

9. Paulo Freire, *Diário do Grande ABC*, 19 out. 1986, p. 7.

não há mudança na Educação se não houver mudança na mentalidade do Educador.[10]

Portanto, para se empreender um projeto contra-ideológico, necessário se faz que o educador não se transforme (ou continue) num mero transmissor de conhecimentos, mas se transforme num agente de mudança social[11]; que o educador não seja visto como um "professor-policial", mas como um "professor-povo"[12]; que o educador deixe de ser um agente reprodutor da ideologia da classe dominante[13], e se torne precursor de uma contra-ideologia.

Assumindo-se como agente a serviço da transformação do *status quo*, e tendo clara a sua posição contra-ideológica em face da dominação simbólica no ensino de português – que sustenta uma concepção incorreta e tradicional do processo de aprendizagem** –, o educador, em conseqüência, poderá empreender uma prática que, sendo "inevitavelmente ideológica, porque se realiza dentro de uma opção política"[14], conglomere um maior número de consciências e ao mesmo tempo seja revolucionária.

Por esse motivo, a forma de trabalhar os conteúdos revela-se fundamental numa prática que se quer contra-ideológica.

Assim, a maneira de enfocar os conteúdos, os recortes que se dão a determinados tópicos, a bibliografia utilizada, os livros sugeridos, as estratégias de ensino, os objetivos propostos, o siste-

---

10. Florestan Fernandes, 3. Congresso Estadual de Educação, mar. 1985.

11. *Cf.* FERACINE, 1990, *O professor como agente de mudança social.*

12. *Cf.* NIDELCOFF, 1991, *Uma escola para o povo.*

13. *Cf.* LOPES, 1996, *O professor de língua portuguesa e sua prática pedagógica.*

14. DEMO, 1992, *Metodologia científica em ciências sociais*, p. 102

ma de avaliação, a forma de relacionar-se com os educandos, tudo isso equivalerá, em nossa prática concreta de sala de aula, à opção contra-ideológica a qual abraçamos. Nesse sentido, nossa maneira de enfocar os conteúdos é análoga à de Geraldi.[15]

Para nós, a prática educativa, tal como a concebe Paulo Freire[16], encontra-se estruturada no trinômio educador/educando/conteúdo. Ou seja, não há prática educativa sem o educador, como também não há prática educativa sem o educando, como não existe prática educativa apenas com o educador e o educando, pois entre ambos existe a mediação do conteúdo.

Em decorrência dessa prática consciente e política, o educador conceberá também a aula de português não como um lugar indiferente aos conflitos de classe, como um espaço neutro, em que um saber supostamente neutro é transferido do educador ao educando, mas o local propício ao debate político, ao debate reflexivo, crítico, ao enfrentamento de posições consideradas dogmáticas, ao questionamento, à colocação em xeque de verdades tidas por irrefutáveis, ao estabelecimento da pedagogia da dúvida, balizada pelo pensamento do filósofo José Ortega y Gasset: "sempre que ensinares, ensina a duvidarem do que estiveres ensinando".

Em suma, o educador, reeducando-se e transformando-se, deixará de vez "suas tarefas e as funções da educação sob a ótica das elites econômicas, culturais e políticas das classes dominantes", como queria Florestan Fernandes, em direção a uma prática libertadora, da qual Paulo Freire é o modelo a ser imitado:

---

15. *Cf.* GERALDI, 1997, Concepções de linguagem e ensino de português, p. 40.

16. *Cf. Diário do Grande ABC*, 19 out. 1986, p. 7.

> Foi por me haver envolvido numa prática na qual ao mesmo tempo em que os alfabetizandos aprendiam a escrever e a ler palavras, discutiam a realidade dura, concreta, de suas vidas como explorados e entendiam a razão de ser, ou a razão que explicava sua exploração. Por isso os poderosos e os dominantes não me perdoaram. Veja bem, de acordo com minha posição nesta entrevista e para ser coerente com minha posição política, não podia, de um lado, mecânica e simplesmente, ensinar aos alfabetizandos que, juntando *vo* com *to*, se faz *voto*. Por outro lado, não podia também usar todo o tempo para discutir a exploração a que eles estavam submetidos sem lhes ensinar a escrever e a ler *voto*. O que eu tinha de fazer era, ao mesmo tempo, em que ensinava a escrever e a ler a *palavra*, ensinar a ler o mundo, a sociedade, de uma forma crítica.[17]

Na medida em que o educador se engajar em sua posição política, articulando conteúdos significativos a uma prática também significativa, estará construindo uma nova didática, porque desvinculado da função tradicional de mero transmissor de conhecimentos e, conseqüentemente, de mero repetidor de exercícios do livro didático. Uma didática construída a partir da base, com cada educador como mediador, partindo da observação da realidade para, em seguida, propor respostas diante dela.[18]

A clareza de postura político-ideológica implica também a clareza de uma concepção de linguagem, em que a linguagem deixe de ser vista, primeiro, como apenas expressão do pensamento (se adotarmos tal concepção, devemos levar em conta o fato de que pessoas que não conseguem se expressar não pensam); segundo, só como instrumento de comunicação (se adotarmos tal concepção, devemos ver a língua como um código, ou seja, um conjunto de signos que se combinam segundo regras capazes de transmitir

---

17. *Id.*, p. 7.

18. *Cf.* NIDELCOFF, 1991, *Uma escola para o povo*, p. 76 e SIMKA, 1996, *É pra MIM colocar CRASE ou não?*, p. 5.

ao receptor uma mensagem), para ser compreendida como uma forma de interação.

Ou seja: o indivíduo, ao utilizar a língua, não somente traduz e exterioriza um pensamento, ou transmite informações a outrem, mas realiza ações, age, atua sobre o outro. Conforme Travaglia, "a linguagem é pois um lugar de interação humana, de interação comunicativa pela produção de efeitos de sentido entre interlocutores, em uma dada situação de comunicação e em um contexto sócio-histórico e ideológico".[19]

Nesse sentido, os educandos, ao invés de seres passivos, tornam-se sujeitos, tornam-se parte integrante do processo ensino-aprendizagem, e não meros espectadores, cujas lições de vida, experiências pessoais e individualidade sejam levadas em conta no processo global[20]. E ao tornarem-se sujeitos, tendem a não só romper a circularidade do discurso em que se encontram envolvidos, instituído como não havendo interlocutores, mas um agente exclusivo, em que o sujeito passa a instrumento de comando[21], como também a questionar a própria educação recebida e o porquê da existência de uma sociedade formada por classes antagônicas da qual faz parte.[22]

---

19. TRAVAGLIA, 1996, *Gramática e interação*, p. 23.

20. *Cf.* SIMKA, 1986, O que se fez pela educação até agora?

21. *Cf.* ORLANDI, 1996, *A linguagem e seu funcionamento*, p. 15-6.

22. *Cf.* SIMKA, 1998a, Educação e paradoxo.

PROPOSTAS E ESTRATÉGIAS NA INSTÂNCIA DA AULA DE PORTUGUÊS

Para que se rompam os mecanismos reprodutores do estado de uso da variedade padrão, faz-se necessário que a aula de português passe por uma profunda transformação.

Essa transformação implica a reflexão crítica sobre a linguagem, sobre o ato pedagógico compromissado com a realidade e sobre a conscientização da dominação simbólica, ao lado da conscientização de classe. Esses componentes precisam, por sua vez, expandir-se para além da própria aula, invadir a rua, as casas, o cotidiano, atingir todos os segmentos sociais, para que se efetive o processo contra-ideológico de rompimento da dominação simbólica.

Nesse sentido, esboçamos algumas propostas, seguidas de estratégias, com o intuito de levar os educandos a se apropriarem efetivamente da variedade padrão, e não apenas a reconhecerem a existência de uma linguagem "legítima".

A primeira proposta concerne à explicitação da dominação simbólica focalizada neste estudo, revelando-se o universo ideológico e seus mecanismos aparatosos de consolidação e perpetuação de dominação, primeiro via a própria dominação simbólica; depois, via aparelho escolar que, enquanto projeto político da classe hegemônica, possui a função de ratificar e assegurar a estrutura social.***

Uma das estratégias é pedir aos educandos, por exemplo, que discutam, em grupos, a dominação simbólica processada no ensino de língua portuguesa, precedida da explicitação por parte do educador, tomando-se por base o quadro sinótico apresentado no início do Capítulo 2, para que dele se extraiam posições a favor ou contrárias aos pressupostos ali defendidos.

Trata-se de uma estratégia que visa a consolidar nos educandos o componente crítico, a fim de que tenham um ponto de vista sobre o assunto e saibam como defendê-lo, quer oralmente, quer por escrito. Como cobrar uma atitude crítica dos educandos, se nós não a exercitamos?

Após o debate, as posições a favor ou contrárias podem ser transmitidas:

a) oralmente, por um representante do grupo;

b) oralmente, por todos os educandos;

c) por escrito, num relatório coletivo;

d) por escrito, por produções textuais individuais.

Pode-se também sugerir que os educandos coletem opiniões entre diversos professores de português acerca do assunto, para que estas sejam apresentadas à sala de aula na forma de uma exposição coletiva, de um painel, de um seminário, de um trabalho em grupo, de um debate, etc.

A segunda proposta refere-se à explicitação das implicações políticas, ideológicas, sociais, culturais e econômicas do ensino da variedade padrão que, às vezes, por serem mal explicitadas – ou sequer explicitadas –, no cotidiano da aula de português, acabam contribuindo para que se adquira uma visão distorcida do problema.

É importante que o educador comece conscientizando os educandos a respeito da impreterível necessidade de se aprender a variedade padrão, o português considerado padrão, já que é objetivo específico do ensino de língua portuguesa, na escola, a aprendizagem desse padrão lingüístico.

Ou seja, o educador há que insistir no fato de que, por se tratar de uma forma de "prestígio", é instrumento fundamental de acesso não só à cultura como também à participação política no contexto social, mostrando que se trata da forma de "prestígio" à qual todos precisam se dirigir caso pretendam, por exemplo, ascender a determinadas posições, digamos, de relevo na escala social, visto que seu uso traz consigo prestígio e acesso a privilégios sociais.

Em síntese, o educador há que evidenciar que tal acesso encontra-se ligado à aquisição dessa língua modelar considerada, por isso, "correta", "boa", "elegante".[23]

O educador, por exemplo, pode principiar o debate acerca do assunto com perguntas dirigidas à audiência, a determinado grupo ou estabelecer trabalhos de pesquisa:

a) você concorda com a explanação? Por quê?

b) você discorda da explanação? Por quê?

c) há real necessidade de se aprender a variedade padrão?

d) é somente na escola que podemos aprender a variedade padrão?

e) por que se trata de uma forma de "prestígio"? Há formas que não são consideradas de "prestígio"? Por quê?

f) cite uma ou duas posições de relevo na escala social ligadas à variedade padrão.

g) por que a variedade padrão é instrumento fundamental de acesso à cultura?

h) etc.

---

23. No entanto, o educador precisa permanentemente interrogar-se: "que língua unitária é essa que encoberta tantas partes distantes e fragmentadas? Que língua nacional é essa que conta de uma pátria pertencente a poucos? Que língua padrão é essa que se utiliza do poder sócio-econômico para ser regra, imposição? "(SILVA *et alii*, 1986, *O ensino de língua portuguesa no primeiro grau*, p. 73).

Por fim, o educador há que insistir no fato de que, em virtude das implicações políticas, ideológicas, sociais e econômicas, a variedade padrão possui uma valorização social em contraste com as outras variedades lingüísticas.

Por meio de exemplos, o educador pode levar à sala de aula o debate sobre valores sociais responsáveis pela atitude de preconceito contra aqueles que falam "diferente" da variedade padrão, mostrando que o domínio da variedade padrão se faz necessário numa sociedade como a nossa.

Alguns exemplos seriam:

a) Amanhã nós trabalharemos.

a') Amanhã nóis vamo trabaiá.

b) Amanhã nós vamos trabalhar.

b') Amanhã nóis vai trabaiá.

c) Há um abacateiro lá na casa do professor.

c') Tem um abacatero lá na casa do professor.

d) Comprei duzentos gramas de mortadela e cinco pãezinhos.

d') Comprei duzentas gramas de mortandela e cinco pãozinho.

e) O problema é que não encontrei nem os fósforos nem o molho inglês.

e') O probrema é que não encontrei nem os fósfro nem o môio ingrês.

Com esses (e outros exemplos que se podem estruturar), o educador pode mostrar que uma pronúncia de "prestígio" é imposta com a finalidade de discriminar aqueles que falam "diferente". Mostrando que as variedades lingüísticas usadas pelos segmentos sociais populares são consideradas "erros", "transgressões", o educador mostra também que seus usuários, por essa razão, acabam sendo estigmatizados e ridicularizados.

O educador pode mostrar como a síndrome de inferioridade lingüística acaba incorporada pelos não-usuários da variedade padrão: pelo fato de se verem rejeitados em sua linguagem, em sua expressão, em seus costumes lingüísticos, sentem-se a si mesmos como que rejeitados, diminuídos, inferiorizados – lingüística e culturalmente.

O educador, por fim, deve mostrar que, quanto menos prestígio têm os usuários na escala social, menos valor possui a língua que falam.

Por meio dessa estratégia, o educador está rompendo o discurso escolar unitário de língua, ao mostrar que a língua portuguesa recobre na verdade apenas uma das variedades lingüísticas utilizadas pela comunidade. Uma variedade lingüística que, em determinado momento da história, em razão da utilização por parte das pessoas mais influentes da região mais poderosa do país, foi "eleita" com intuito de servir de expressão do poder e da cultura desse grupo. O domínio dessa variedade passou a ser necessário para obter-se acesso ao poder.[24]

No entanto, julgamos que as variações lingüísticas somente devam ser conscientizadas na medida em que o usuário atender a dois requisitos imprescindíveis do discurso contra-ideológico aqui

---

24. *Cf.* POSSENTI, 1997, Gramática e política, p. 51.

esboçado: de um lado, estiver imerso na variedade padrão; e, de outro, tiver a consciência das implicações político-ideológicas subjacentes a esse tipo de variedade.

Ambos os requisitos se justificam como medidas de conscientização do uso das variações lingüísticas, tendo-se em vista o atual quadro de uso da variedade padrão: o usuário fala "diferente" da variedade padrão porque, embora levado a reconhecer a existência dessa variedade pelo ensino de português, não é levado a conhecer essa mesma variedade.

A conseqüência traduz-se no fato de o usuário acabar utilizando a língua da maneira a que está acostumado a falar, uma vez que conhece apenas essa única maneira.

Por esse motivo, defendemos que o falante de língua portuguesa deve, primeiramente, apropriar-se da variedade padrão em suas especificidades oral e escrita, e cuja apropriação o leve a conhecer as implicações político-ideológicas intrínsecas ao uso dessa variedade, para poder, conseqüentemente, saber romper quando necessário fazê-lo. Porque acaba se estabelecendo, por parte do usuário, pela mediação da apropriação, uma consciência de uso.

Cite-se, por exemplo, o caso de Guimarães Rosa em *Grande sertão: veredas*: ele tinha tal domínio da canônica gramatical que, ao infringi-la, o fazia com total conhecimento criador: "escrevia bem o errado, porque sabia melhor o certo".[25]

Numa palavra: "Liberalidade nas regras é para os que vivem dentro da disciplina, os que sabem onde têm o nariz, os capazes de governar seu mundo, discipliná-lo por si, etecétera... Primeiro, saber as regras, para valorizar uma transgressão. Uma coisa é saber a

---

25. HOUAISS, 1983, *A crise de nossa língua de cultura*, p. 56-7.

Sérgio Simka   Ensino de língua portuguesa e dominação

lei, e pôr-se, consciente e motivadamente, acima ou fora dela; outra, andar por fora por ignorância".[26]

Na medida em que o usuário se apropriar efetivamente da variedade padrão, as variações lingüísticas serão conscientizadas no sentido de que seu uso fica restrito ao fato de atender a uma circunstância comunicativa especial, e não a todas, indiscriminadamente, como tem acontecido.

A proposta a seguir da funcionalidade merece que nos detenhamos particularmente nela.

A funcionalidade implica que a aquisição das estruturas lingüísticas e idiomáticas, por parte do educando, esteja voltada para uma perspectiva de aplicação prática, ou seja, significa apontar para a necessidade real, concreta – e não fictícia, artificial – do ensino dessas estruturas. Numa palavra: o educando deve ver utilidade naquilo que está aprendendo, de modo que possa operacionalizar esse conhecimento em seu dia-a-dia, aplicando-o a situações concretas. ****

Dessa forma, a Língua Portuguesa passará a constituir uma disciplina que não estará divorciada da realidade, pois os conteúdos estarão vinculados à prática do educando. Ou seja, o ensino deixa de ter aquele caráter repetitivo, mecânico, verbalista, retórico, ideológico, enciclopédico, angustiante, que não leva o educando a produzir conhecimento, mas apenas a transmitir, a reproduzir. É o que Paulo Freire chama de "educação bancária", isto é, ao fato de o educando, ao receber passivamente os conhecimentos, torna-se um depósito do educador. Educa-se para arquivar o que se deposita: "Mas o curioso é que o arquivado é o próprio homem, que perde assim seu poder de criar, se faz menos homem, é uma

---

26. LUFT, 1996, *A vírgula*, p. 53.

peça. O destino do homem deve ser criar e transformar o mundo, sendo o sujeito de sua ação".[27]

Nesse sentido, o educando, ao avaliar a existência de uma ponte entre a disciplina e a realidade, reconhecerá o valor da aprendizagem – porque se estará também rompendo com o angustiante cerco da repetição e da cópia, para utilizarmos uma expressão de Nidelcoff[28] –, chegando à conclusão de que, ao se trabalhar com um conhecimento cuja funcionalidade se enquadra no objetivo final, a Língua Portuguesa, antes de compor uma matéria do currículo, caracteriza-se numa matéria viva, e não numa superfluidade sem precedentes.

Aliás, uma superfluidade que colabora na perpetuação do estado de uso da variedade padrão. Na medida em que se atribui à disciplina o caráter de superfluidade, está-se negando seu valor de utilidade; e ao negar seu valor de utilidade, está-se procedendo a uma escolha.

Portanto, pela funcionalidade, estar-se-á não só resgatando o prestígio da disciplina Língua Portuguesa no aparelho escolar e, sobretudo, no seio dos educandos, em particular, e na sociedade, de maneira geral, mas também estar-se-ão redefinindo seus objetivos de aplicação, de forma a gerar interesse a todos os agentes envolvidos, cujo ensino vem desagradando há muito tempo a educadores e a educandos.[29]

---

27. FREIRE, 1997, *Educação e mudança*, p. 38.

28. *Cf.* NIDELCOFF, 1991, *Uma escola para o povo*, p. 5.

29. *Cf.* CINTRA, 1996, Bases para uma proposta de ensino de português instrumental, p. 17 e CINTRA, 1996a, Uma abordagem comunicativa para o ensino de língua materna, p. 69.

É importante também salientar o fato de que, pela funcionalidade, implementar-se-á uma modificação na atitude consensual perante a disciplina, qual seja, a de que ela é complexa, difícil, e que somente os "iniciados" conseguem aprendê-la. É preciso, portanto, romper tal discurso, e mostrar que este é mantido em virtude de posições políticas que visam a garantir a dominação, na esfera simbólica, pelo ignorantismo lingüístico disseminado pela disciplina Língua Portuguesa.

Rompendo-se tal discurso, teremos condições de proporcionar um novo sentido à disciplina, buscando que educadores e educandos readquiram interesse por ela, ao torná-la contra-ideologicamente incitante.

Outra proposta refere-se à sistematização de conteúdos significativos.

Sistematização de conteúdos significativos implica que o aprendizado lingüístico se realize de tal forma que as estruturas aprendidas anteriormente não sofram "rupturas" em seu uso escolar, possibilitando-se não só manter em uso as estruturas aprendidas como também alargar os conteúdos já dominados.

Pelo fato de não haver uma sistematização no decurso de todo o período de escolarização, constatam-se, freqüentemente, os mesmos conteúdos ministrados desde o ensino fundamental (antigo 1. grau), até o ensino médio (antigo 2. grau). A repetição não colabora para a apreensão, como acaba tornando desmotivadora a aula de português.

Para haver uma sistematização eficaz, já que, seguramente, a não-sistematização acaba implicando o esquecimento das estruturas aprendidas com o passar dos anos, faz-se necessário, num ensino que se pretende revolucionário, garantir, em todos os graus do período de escolarização, que os conteúdos significativos sejam forçosamente ministrados, evidentemente atentando-se não só à natureza mesma desses conteúdos, mas também às especificidades de cada turma e às estruturas cognitivas de cada educando.

Nesse sentido, a sistematização de conteúdos significativos estará contribuindo para a apropriação efetiva da variedade padrão por parte dos educandos, enquanto inseridos no aparelho escolar.

A proposta que segue reside na realização de atividades que oportunizem aos educandos a coleta de anúncios, cartazes, folhetos, outros materiais impressos para análise da linguagem utilizada, com vistas a detectar possíveis problemas de grafia e outras incorreções no português.

Realizadas a coleta e a análise do material, os grupos apresentam, num painel, as incorreções relativas à variedade padrão, para discussão, avaliação e correção.

A título de exemplificação, suponhamos que determinado grupo tenha encontrado, em vários folhetos, as seguintes incorreções:

· "*À* partir das *22:00 hs.*" (folheto sobre xou de pagode);

· "ótima *higiêne*, Sala de espera com TV *à* cores" (folheto sobre dentistas);

· "*Joga-se buzios*, cartas. Faz trabalho para *qualquer* fins" (folheto sobre cartomante/vidente);

· "Chegou *em* Santo André a mais nova loja" (folheto sobre loja de calçados);

· "Se você tem problemas amorosos (...) lembre-se (*de*) que o bem e o mal existem. Pois ela o orientará sobre tudo o que *lhe* está *aflingindo*" (folheto sobre cartomante).[30]

---

30. Exemplos extraídos de SIMKA, 1998e, Câmara e idioma.

Tal atividade evidencia uma estratégia a partir da qual o conteúdo da aula é trazido pelos próprios educandos, invertendo-se a situação tradicional de o educador transmitir o conteúdo e os educandos a assimilarem tal conteúdo.

O educador pode também fornecer um texto previamente escrito para que os educandos possam detectar as incorreções, reescrevendo-o conforme as normas da variedade padrão.

A título de exemplo, segue-se este texto: "Caro diretor do departamento pessoal da firma Pão com Pão: Sou aficcionado em trabalhar, mas quando penso a nível de salário, tenho vontade de dizer que, se a situação está ruim, ela não deve servir de pretexto para que piore. Desculpe o meu desabafo. Deus é brasileiro e, acima de tudo, Ele está com nós. Um forte abraço do padeiro Demóstenes Gumercindo..."[31]

A última proposta prende-se à utilização do jornal, já que este vem vazado, em sua maioria, na variedade padrão.

Dentre as diversas atividades que podem ser desenvolvidas, podemos propor:

a) levantar possíveis incorreções relativas à variedade padrão, já que se podem encontrá-las, como demonstramos no Capítulo 1, para em seguida proceder a comentários e a correções;

b) selecionar dois tipos de jornais (um popular e outro não), de forma que se avalie a linguagem utilizada por ambos, estabelecendo-se as diferenças (lexicais, sintáticas, etc.).

---

31. Extraído de SIMKA, 1998c, Português no dia-a-dia.

Propostas e estratégias na instância não escolar

A proposta a nortear este tópico é a de que o conhecimento advindo da instância da aula de português não permaneça simplesmente circunscrito a suas paredes, mas que seja empregado pelo falante em seu ambiente não escolar, em situações comunicacionais das quais tome parte.

De forma que o conhecimento adquirido não acabe no arcabouço de regras obsoletas, mas que possua utilidade na vida do falante, e que este o utilize habitualmente dentro das normas da variedade padrão, em que determinadas estruturas (por exemplo, tomar um chope, para eu fazer, trezentos gramas, ir à escola, etc. etc., e não o que se ouve por aí) passem a ser consideradas absolutamente normais porque freqüentemente utilizadas.[32]

O educador pode, por exemplo, após uma aula sobre, digamos, concordância nominal, solicitar aos educandos que utilizem o tópico gramatical em situações de seu cotidiano e relatem, oralmente ou por escrito, as possíveis reações das pessoas em face da utilização do referido tópico gramatical.

Reações que podem surgir naturalmente em virtude de as pessoas não estarem acostumadas a ouvir aquela determinada variedade. Assim, um "para eu pagar a conta faltam-me dez reais", proferido na mesa de um bar, no lugar de "pra mim pagá a conta falta dez real", pode sobressaltar muitas pessoas.

O interesse da discussão reside justamente, não nas reações das pessoas em si, mas em relação às causas que se encontram na base dessas reações e que as engendram: trata-se de fatores socioeconômicos e culturais.

---

32. *Cf.* SIMKA, 1998d, Papa-Tudo, Tele Sena e gramática: uma relação não capitalizável, p. 153.

O educador pode relacionar tais fatores à situação socioeconômica e cultural dos educandos; ao proceder-se a uma discussão entre variedades padrão e não-padrão, pode-se também, concomitantemente, proceder a uma discussão entre a classe social que utiliza a variedade padrão e a classe social que não a utiliza.

Uma situação cotidiana é ir à padaria. Pede-se que o educando profira ao balconista o seguinte enunciado:

– Por favor, quero trezentos gramas de mortadela e dois pãezinhos.

Pede-se para observar a reação do balconista ou das pessoas porventura presentes à cena.

O objetivo consiste em, utilizando a variedade padrão no cotidiano, o educando acabe se apropriando de suas normas. Estrategicamente, relatando-se as reações das pessoas, possam-se deflagrar discussões em sala de aula:

a) por que o balconista/a pessoa esboçou/não esboçou tal reação?

b) foi compreendido pelo balconista?

c) se você tivesse proferido o enunciado em desacordo com a variedade padrão, haveria outro "efeito de sentido"?

d) a padaria a que foi "aceita" tal variedade? Por quê?

e) a localização geográfica da padaria exerce, de alguma forma, influência na aceitação de tal variedade?

f) a padaria localiza-se em bairro de alto poder aquisitivo ou de baixo poder aquisitivo?

g) por que existem bairros em que as pessoas desfrutam o poder aquisitivo e outros bairros em que as pessoas não desfrutam esse poder?

h) o que faz com que determinadas pessoas desfrutem o poder aquisitivo em relação a outras que não desfrutam o mesmo poder?

i) a linguagem relaciona-se com esse poder aquisitivo? Em que medida?

j) etc.

Atividades como essas podem originar discussões orais e posteriormente "temas" para produções textuais, em que os educandos podem pragmaticamente se expressar sobre o fenômeno lingüístico de que participaram, ao contrário de serem submetidos a temas em face dos quais o próprio educador sentir-se-ia desanimado a escrever se estivesse no lugar dos educandos.

Evidentemente, o educador pode orientar inúmeras outras situações em que a variedade padrão seja utilizada e testada.

O educador pode também solicitar que os educandos tragam de seu cotidiano situações de que participaram, ou que ouviram, para uma discussão e/ou dramatização.

A estratégia consiste em trazer à sala de aula o universo do educando, suas experiências, rompendo a artificialidade das situações.

Digamos que um educando tenha presenciado a fala de uma senhora numa confeitaria encomendando salgadinhos:

"– Você pode fazer eles pra sábado? A festa vai ser domingo, mas domingo eu não posso vim aqui, porque o bairro que eu moro é muito longe, e meu marido vai no jogo e vai levar o carro. Aí eu busco eles no sábado, se você tiver de acordo."[33]

---

33. Extraído de PERINI, 1997, *Sofrendo a gramática*, p. 33-4.

Dessa forma, as normas da variedade padrão, de tão familiares ao educando, por serem vivenciadas no seu cotidiano, passam a ser usadas como algo intuitivo, simples e natural; passam a fazer parte do universo lingüístico usual do educando.

Tais normas passam a ser dominadas como conseqüência de seu uso ativo, e não mais por meio de "regras" impostas, que mesmo assim – ou por isso mesmo – não levam a uma apropriação efetiva da variedade padrão.

É o que Cintra propõe como abordagem comunicativa para o ensino de língua portuguesa, em que "o domínio das regras formais só é possível, a partir da sua articulação consciente com regras de uso da língua. Dito de outra forma, no desempenho comunicativo da língua, o falante nativo expressa seu domínio de regras formais ao mesmo tempo em que articula estas formas em situações de comunicação".[34]

A apropriação das normas da variedade padrão leva o educando a empregá-las de maneira espontânea, uma vez imerso consistentemente nelas. Assim, muitas pessoas não se mostrariam surpresas com determinadas expressões que, se fossem utilizadas freqüentemente, seriam aceitas com naturalidade. Praticando-as no cotidiano, essas normas passam a ser familiares, e não idiossincrasias de professor de português.[35]

Registre-se o fato de um trabalho nosso[36] ter sido escrito após constatarmos que nossos educandos se mostravam surpresos

---

34. CINTRA, 1996a, Uma abordagem comunicativa para o ensino de língua materna, p. 73.

35. *Cf.* SIMKA, 1997a, Português no dia-a-dia.

36. *Cf.* SIMKA, 1996, *É pra MIM colocar CRASE ou não?*

quando falávamos "este exercício é para *eu* corrigir"; e os educandos, perplexos, interpelavam-nos: "Mas, professor, não se diz para *mim* corrigir?"

O que implica afirmarmos que haverá, por parte do educando, um assenhoreamento com relação a seu próprio instrumento comunicativo. Em havendo esse assenhoreamento, uma atitude não figurará mais na prática atual de língua: a de que os próprios falantes não sabem a língua, e acham que todos falam "errado", etc. Deixa-se de atuar no papel do "imbecil lingüístico e medroso"[37], porque lingüisticamente competente, porque capaz de enxergar que a língua é um dos caminhos que leva à cidadania. Neutraliza-se, dessa forma, a síndrome de inferioridade lingüística.

A apropriação cria, por sua vez, um *habitus* – necessariamente – consciente, uma vez que só se pode exteriorizar o que já fora interiorizado. Ou seja, o *habitus* resulta não de uma atitude puramente mecânica, repetitiva, mas de uma atitude intrinsecamente consciente, centralizada na vivência e na experiência com a variedade padrão, cuja utilização não é eventual, mas freqüente, habitual.

O *habitus* deve ser também capaz de perpetuar-se após interromper-se o período de escolarização regimental, perpetuando-se na prática lingüística do falante de língua portuguesa todas as normas da variedade padrão interiorizadas.

Evidentemente, trata-se de um *habitus* contra-ideológico ao *habitus* definido por Bourdieu & Passeron[38], a fim de romper o trabalho de inculcação da síndrome de inferioridade lingüística promovido pelo ensino de língua portuguesa.

---

37. SIMKA, 1996b, Língua portuguesa e cidadania.

38. *Cf.* BOURDIEU & PASSERON, 1982, *A reprodução*, p. 44.

Notas

* "Num Brasil marcado pela concentração de renda, um rico ganha o mesmo que 50 pobres: o 1% mais rico da população detém 13,8% da renda total, e os 50% mais pobres, 13,5% do bolo.

Os dados constam da Síntese de Indicadores Sociais 1999 do IBGE. Revelam um país de desigualdades econômicas, sociais, raciais e regionais"(*Cf. Folha de S. Paulo*, 29 abr. 2000. São Paulo, p. 1).

A reportagem mostra ainda que o salário médio dos 10% mais ricos (R$2.477,61) é 19,81 vezes maior que o dos 40% mais pobres (R$125,04).

Para o professor Albert Fishlow, da Universidade de Berkeley (EUA), somente com investimentos em educação que se conseguirão corrigir as desigualdades: "Essa é a maneira de fazer uma redistribuição certa. O investimento em educação traria um impacto muito grande na distribuição da renda; não amanhã, não no ano que vem, mas daqui 15 anos" (*O Estado de S. Paulo*, 31 ago. 1997. Economia, p. B4).

Cf., por último, o artigo de Singer (1996, Um mapa da exclusão social no Brasil, p. 75), em que analisa a exclusão social no País sob diferentes aspectos: "O Brasil é a terra da desigualdade. Aqui o grau de disparidade entre ricos e pobres, brancos e não-brancos, homem e mulher, moradores do campo e da cidade, indivíduos de alta e de baixa escolaridade é provavelmente maior que em qualquer outro lugar (...). Os excluídos em termos de aquisição de renda, prestígio social ou direitos legais são exatamente aqueles que obtêm menos desses recursos porque outros obtêm demais."

**"O ensino da Língua Vernácula, como se está processando atualmente nas escolas, tem se constituído em um acervo de regras e normas que devem gerir o processo da fala e da escrita. A aceitação pacífica dessas normas e a crença nos recursos metodológicos sustenta o professor de Português, tranqüiliza-o e esse acomoda-se, aceitando a situação que aí está, sem tentar transformá-la, para poder transcendê-la" (Beltran, 1989, *O ensino de português*, p. 16).

*** A teoria da reprodução ou a teoria do sistema de ensino enquanto violência simbólica proposta por Bourdieu & Passeron (1982, *A reprodução*) deixa claro que a função da educação é reproduzir as desigualdades sociais. Ou seja, via reprodução cultural, ela contribui de modo específico para a reprodução social. *Cf.* essa passagem na obra citada: "Reservou-se a seu momento lógico (proposições de grau 4) a especificação das formas e dos efeitos de uma AP [ação pedagógica] que se exerce no quadro de uma instituição escolar; é somente na última proposição (4.3) que se encontra caracterizada expressamente a AP escolar que reproduz a cultura dominante, contribuindo desse modo para reproduzir a estrutura das relações de força, numa formação social onde o sistema de ensino dominante tende a assegurar-se do monopólio da violência simbólica legítima" *(Id.*, p. 20-1).

A proposição 4.3 sintetiza o conjunto da teoria proposta por esses dois sociólogos franceses, não deixando, pois, margem a dúvidas: "Numa formação social determinada, o SE [sistema de ensino] dominante pode constituir o TP [trabalho pedagógico] dominante como TE [trabalho escolar] sem que os que o exercem como os que a ele se submetem cessem de desconhecer sua dependência relativa às relações de força constitutivas de forma social em que ele se exerce, porque (1) ele produz e reproduz, pelos meios próprios da instituição, as condições necessárias ao exercício de sua função interna de inculcação que são ao mesmo tempo as condições suficientes da realização de sua função externa de reprodução da cultura legítima e de sua contribuição correlativa à reprodução das relações de força; e porque (2), só pelo de que existe e subsiste como instituição, ele implica as condições institucionais do desconhecimento da violência simbólica que exerce, isto é, porque os meios institucionais dos quais dispõe enquanto instituição relativamente autônoma, detentora do monopólio do exercício legítimo da violência simbólica, estão predispostos a servir também, sob a aparência da neutralidade, os grupos ou classes dos quais ele reproduz o arbitrário cultural (dependência pela independência)" (Bourdieu & Passeron, 1982, *A reprodução*, p. 75).

**** *Cf.* a propósito, o depoimento a seguir: "Passados quase 10 anos de minha formatura e mais de 15 desde que concluí o segundo grau, aventurei-me, este ano, a prestar o vestibular da Fuvest. Foi uma excelente oportunidade para tentar pensar o que é, hoje, o segundo grau.

Eles estão todos loucos, foi o que pude concluir. Apesar de ter uma formação humanística, deveres de ofício e gosto me levam a manter-me minimamente atualizado com o que acontece no mundo das ciências.

Tudo o que cai no vestibular ou é superficial, ou errado ou inútil.

(...)

É verdade que criticar é fácil. Concordo igualmente que não cabe ao segundo grau – nem ao terceiro – formar polímatas que dominem todos os segredos do universo. Parece, contudo, ter havido uma inversão. O vestibular não está mais medindo aquilo que se considera uma formação adequada, mas está ele próprio pautando as escolas, que se transformaram em ninhos de exercícios de mecânica newtoniana e eletricidade que só interessam a engenheiros, militares, relojoeiros e eletricistas.

(...)

Não pretendo aqui, nem tenho competência para tal, estabelecer o currículo do segundo grau, mas acho que ele deveria ao menos ser discutido com transparência para toda a sociedade. Assim eu não teria a sensação de ter perdido três anos de minha vida aprendendo a fazer exercícios de mecânica que, garanto, não me fizeram nenhuma falta durante 15 confortáveis anos" (Hélio Schwartsman. Uma pedagogia parada no tempo. *Folha de S. Paulo*, 24 dez. 1995. Mais!, p. 14).

A propósito da educação universitária, *Cf.* essa passagem: "Para Guerra [Hélio Guerra, ex-reitor da USP], a educação universitária tradicional é muito cara e ineficiente. 'O aluno fica cinco anos estudando matérias que ele nunca vai utilizar e não aprende outras coisas necessárias', diz" (*Folha de S. Paulo*, 14 maio 1995, p. 3).

CONCLUSÃO

"Tudo já foi dito uma vez, mas, como ninguém escuta, é preciso dizer de novo."

André Gide

Este trabalho buscou explicitar uma inquietação diante de um problema: o de que um contingente expressivo de pessoas, sobretudo após um longo período de onze anos de escolarização, ainda demonstra, paradoxalmente, um desempenho ineficiente em relação à utilização da variedade padrão.

O fato de as pessoas saírem das aulas de português, sem o domínio da variedade padrão, reflete uma contradição constitutiva do próprio sistema de ensino, porque, ao mesmo tempo que propõe o acesso à variedade padrão, o sistema nega tal acesso.

A contradição do ensino de língua portuguesa responde por uma perspectiva ideológica proveniente da classe hegemônica, como forma de dominação na esfera simbólica, já que exerce o domínio na esfera material.

Procurando entender a trajetória dessa contradição do ensino de língua portuguesa, detectamos o ignorantismo lingüístico que, por meio de uma rede de mecanismos, garante e perpetua o estado de uso da variedade padrão, haja vista as ocorrências trazidas pelo Capítulo 1, que corroboram nossa asserção.

Descrevendo a constituição dos mecanismos, passando pela institucionalização do fracasso, chegamos à síndrome de inferioridade lingüística: a representação acabada de que a ignorância relativa à própria variedade padrão se traduz em regra, e não em exceção.

Como um caminho para transpor o quadro falacioso do atual ensino, propomos a maximização da variedade padrão em duas instâncias específicas e estrategicamente ponderadas: a instância da aula de português e a instância do ambiente não escolar.

Nesse sentido, a variedade padrão se reveste de instrumento contra-ideológico à prática vigente porque não está centralizada unicamente na aula de português, mas se expande para além de suas paredes, invadindo a rua, o cotidiano.

Nosso objetivo, ao propor a maximização da variedade padrão, não é calar a língua coloquial, a fala das esquinas, a linguagem das ruas, a linguagem de todos os dias, tampouco termos um fim idêntico ao velho e esquálido gramático Lobo, personagem de *Recordações do escrivão Isaías Caminha*, de Lima Barreto – que acaba no hospício, inconformado com os "erros" gramaticais que ouvia diariamente –, mas o de alertar o educador – desde que este faça o mesmo com o educando – para a dimensão político-ideológica subjacente ao emprego da variedade padrão, para que a prática lingüística efetuada na aula de português deixe de ser opressiva para tornar-se mediadora de experiências, num processo interacional de construção do saber.

As propostas e as estratégias desenvolvidas no Capítulo 3 caminham para essa direção. O conceito de maximização desenvolvido neste estudo permite romper a condição de paradoxalidade existente no ensino de língua portuguesa.

Por meio dele, concebe-se o ensino da variedade padrão não como uma "inútil e deformante memorização de normas coercitivas e arbitrariamente estabelecidas"[1], cujas regras "são ensinadas durante, praticamente, toda a escolaridade e o indivíduo, muitas vezes, sai da escola sem sabê-las"[2], mas como um domínio mais crítico e consciente por parte dos usuários de língua portuguesa.

Por meio dele, estabelece-se uma vinculacão entre o que se escreve e se diz na aula e o que se vive em casa ou no bairro.

Esta vinculação permite ao educando verificar que os conteúdos aprendidos possuem uma aplicação prática, por estarem próximos de sua realidade. Permite constatar também a gramática funcionando no cotidiano, pois esta aproxima os fatos gramaticais de sua realidade lingüística. Permite, por fim, conhecer as possibilidades que a língua oferece não apenas como maneira de expressar-se, mas como forma de interagir uns com os outros.

Por meio dele, o educando acaba adquirindo a consciência da revolta – tardia, infelizmente – de que a língua que "aprendera" nos anos de escolarização teve o propósito de apenas mantê-lo distante de seu rico instrumento de comunicação, cerceando-se horizontes, ao servir mais como instrumento de opressão do que de libertação.

Consciente estamos de que tanto o percurso delineado, quanto a proposta desenvolvida necessitam de um melhor detalhamento, haja vista a superficialidade com que foram abordados, mas gostaríamos de enfatizar o fato de o trabalho, de maneira geral, constituir antes um esboço, uma linha de raciocínio, que um conjunto sistematizado de idéias, cujo subtítulo, se fizer

---

1. CUNHA, 1968, *Língua portuguesa e realidade brasileira*, p. 68.

2. CINTRA, 1996a, Uma abordagem comunicativa para o ensino de língua materna, p. 77.

necessário, poderá ostentar um "notas para uma investigação", ou qualquer coisa que o valha.

"Nada contribui mais para a paz de consciência do que a falta de opinião" (Goerg Lichtenburg) – por isso, ao concluirmos este trabalho, temos claro que as posições defendidas, que, com certeza, serão objeto de uma contestação incisiva, visam a polemizar, a abalar o dogmatismo, colocando a nu não só a contradição da prática lingüística no seio do ensino de língua portuguesa, mas o viés ideológico constitutivo dessa contradição.

E caso, na contestação, verificar-se a nulidade dos pontos de vista aqui defendidos, restar-nos-á o contentamento, assim expresso por Bertolt Brecht: "Não me incomodem. Estou muito ocupado preparando o meu próximo erro."

" Senhor, faça com que eu seja entre os homens como uma palavra sem som... Um semeador de silêncio... Como um semeador da medida de Deus... Como um pequeno grão que não sabe o que é e que, lançado em boa terra, recolhe todas as suas energias e produz uma planta. Como a palavra no espírito... Faça com que eu seja como um semeador, e que aquele que ouvir minha palavra volte para sua casa preocupado e inquieto."

P. Claudel

BIBLIOGRAFIA

"A ignorância crê tudo, porque de nada duvida."

Marquês de Maricá

ALTHUSSER, Louis (1980). *Ideologia e aparelhos ideológicos do estado.* 3.ed. Lisboa: Presença.

BATISTA, Antônio Augusto Gomes (1997). *Aula de português:* discurso e saberes escolares. São Paulo: Martins Fontes.

BEAUD, Michel (1996). *Arte da tese.* Rio de Janeiro: Bertrand Brasil.

BELTRAN, José Luiz (1989). *O ensino de português:* intenção ou realidade. São Paulo: Moraes.

BOURDIEU, Pierre & PASSERON, Jean-Claude (1982). *A reprodução:* elementos para uma teoria do sistema de ensino. 2.ed. Rio de Janeiro: Francisco Alves.

CASTILHO, Ataliba T. de (1973). O estudo da norma culta do português do Brasil. *Revista de Cultura Vozes. Panorama da Sociolingüística.* Petrópolis: Vozes, 67 (8): 21-5, out.

CHAUÍ, Marilena (1995). *O que é ideologia.* 39.ed. São Paulo: Brasiliense.

CINTRA, Anna Maria Marques (1996). Bases para uma proposta de ensino de português instrumental. In: MARQUESI, Sueli Cristina (Org.). *Português instrumental:* uma abordagem para o ensino de língua materna. São Paulo: EDUC. p. 17-23.

_____. (1996a). Uma abordagem comunicativa para o ensino de língua materna. In: MARQUESI, Sueli Cristina (Org.). *Português instrumental:* uma abordagem para o ensino de língua materna. São Paulo: EDUC. p. 69-78.

COUTO, Hildo Honório do (1986). *O que é português brasileiro.* São Paulo: Brasiliense.

CUNHA, Celso (1968). *Língua portuguesa e realidade brasileira.* Rio de Janeiro: Tempo Brasileiro.

DEMO, Pedro (1992). *Metodologia científica em ciências sociais.* 2. ed. São Paulo: Atlas

DIAS, Marieta Prata de Lima (1998). O ensino de língua através de tema e o desempenho gramatical. In: *CONGRESSO BRASILEIRO DE LÍNGUA PORTUGUESA*, 6, 1996, São Paulo. *Anais...* São Paulo: Instituto de Pesquisas Lingüísticas Sedes Sapientiae para Estudos do Português – IP–PUC/SP. p. 77-90.

FALCÃO, Maria do Carmo (1987). *Cotidiano: conhecimento e crítica.* São Paulo: Cortez.

FERACINE, Luiz (1990). *O professor como agente de mudança social.* São Paulo: EPU.

FIORIN, José Luiz (1990). *Linguagem e ideologia.* 2.ed. São Paulo: Ática.

FOUREZ, Gérard (1995). *A construção das ciências*: introdução à filosofia e à ética das ciências. São Paulo: Ed. da Universidade Estadual Paulista.

FREIRE, Paulo (1997). *Educação e mudança*. 21.ed. Rio de Janeiro: Paz e Terra.

GENOUVRIER, Emile & PEYTARD, Jean (1974). *Lingüística e ensino do português*. Coimbra: Almedina.

GERALDI, João Wanderley (1997). Concepções de linguagem e ensino de português. In: GERALDI, João Wanderley (Org.). *O texto na sala de aula*. São Paulo: Ática. p. 39-46.

GNERRE, Maurizio (1994). *Linguagem, escrita e poder*. São Paulo: Martins Fontes.

GOFFMAN, Erving (1996). *A representação do eu na vida cotidiana*. 7.ed. Petrópolis: Vozes.

GRAMSCI, Antonio (1979). *Os intelectuais e a organização da cultura*. 3.ed. Rio de Janeiro: Civilização Brasileira.

HALLIDAY, M.A.K., McINTOSH, Angus & STREVENS, Peter (1974). *As ciências lingüísticas e o ensino de línguas*. Petrópolis: Vozes.

HEYE, Jürgen (1979). Sociolingüística. In: PAIS, Cidmar Teodoro *et alii. Manual de lingüística*. Petrópolis: Vozes. p. 203-37.

HOUAISS, Antonio (1983). *A crise de nossa língua de cultura*. Rio de Janeiro: Tempo Brasileiro.

ILARI, Rodolfo (1992). *A lingüística e o ensino da língua portuguesa*. 4.ed. São Paulo: Martins Fontes.

LOPES, Valdir Luiz (1996). *O professor de língua portuguesa e sua prática pedagógica*: reflexos e reflexões. São Paulo. Dissertação

(Mestrado em Língua Portuguesa) – Programa de Estudos Pós-Graduados em Língua Portuguesa, Pontifícia Universidade Católica de São Paulo.

LUFT, Celso Pedro(1993). *Língua e liberdade*. 2.ed. São Paulo: Ática.

_____. (1996). *A vírgula*: considerações sobre o seu ensino e o seu emprego. São Paulo: Ática.

MARCONDES FILHO, Ciro (1985). *O que todo cidadão precisa saber sobre ideologia*. São Paulo: Global.

NEVES, Maria Helena de Moura (1994). *Gramática na escola*. 3.ed. São Paulo: Contexto.

NIDELCOFF, María Teresa (1991). *Uma escola para o povo*. 31.ed. São Paulo: Brasiliense.

ORLANDI, Eni Puccinelli (1996). *A linguagem e seu funcionamento*: as formas do discurso. 4.ed. Campinas: Pontes.

PÉCORA, Alcir (1992). *Problemas de redação*. 4.ed. São Paulo: Martins Fontes.

PERINI, Mário A. (1985). *Para uma nova gramática do português*. 2.ed. São Paulo: Ática

_____. (1997). *Sofrendo a gramática*: ensaios sobre a linguagem. São Paulo: Ática.

PINTO, Edith Pimentel (1990). *O português popular escrito*. São Paulo: Contexto.

POSSENTI, Sírio (1996). *Por que (não) ensinar gramática na escola*. Campinas: ALB/Mercado de Letras.

_____. (1997). Gramática e política. In: GERALDI, João Wanderley (Org.). *O texto na sala de aula*. São Paulo: Ática. p. 47-56.

Sérgio Simka   Por que não se aprende português?

ROULET, Eddy (1978). *Teorias lingüísticas, gramáticas e ensino de línguas.* São Paulo: Pioneira.

SANTOS, Emmanoel dos (1996). *Certo ou errado?*: atitudes e crenças no ensino da língua portuguesa. Rio de Janeiro: Graphia.

SAVIANI, Dermeval (1997). *Escola e democracia.* 31.ed. Campinas: Autores Associados.

SEVERINO, Antonio Joaquim (1986). *Educação, ideologia e contra-ideologia.* São Paulo: EPU.

SILVA, Lilian Lopes Martin da *et alii* (1986). *O ensino de língua portuguesa no primeiro grau.* São Paulo: Atual.

SIMKA, Sérgio (1986). O que se fez pela educação até agora? *A Voz de Mauá,* Mauá, 3 jul.

_____. (1990). Propostas e aberrações na educação. *Diário do Grande ABC,* Santo André, 18 set.

_____. (1996). *É pra MIM colocar CRASE ou não?*: uma análise crítica do emprego de para mim/para eu e da crase com numerosos exercícios. Mauá, SP: Sociedade Jornalística Fioravante.

_____. (1996a). O ignorantismo como ensino de língua. *Diário do Grande ABC,* Santo André, 29 fev.

_____. (1996b). Língua portuguesa e cidadania. *Tribuna do ABC,* Santo André, 8 jun.

_____. (1996c). Idioma pátrio: propagandas veiculadas na mídia merecem correção de linguagem. *Revista do Professor.* Porto Alegre: CPOEC, 12 (47): 28-30, jul./set.

_____. (1996d). Ensino da língua nega a sua heterogeneidade. *O Estado de S. Paulo,* São Paulo, 1 dez. Caderno 2, p. 6.

119

_____. (1997). Quando a educação não é uma palavra abstrata. *Tribuna do ABCD*, Santo André, 15 jan.

_____.(1997a). Português no dia-a-dia. *O Servidor*, Santo André, jul.

_____. (1998). Língua e incompetência. *Diario Popular*, ABC, 12 jan. Primeiro caderno, p. 2.

_____.(1998a). Educação e paradoxo. *Diario Popular*, ABC, 19 jan. Primeiro caderno, p. 2.

_____.(1998b). Novela dá rudimentos de sociolingüística. *O Estado de S. Paulo*, São Paulo, 15 fev. Caderno 2, p. 4.

_____.(1998c). Português no dia-a-dia. *O Servidor*, Santo André, maio.

_____.(1998d). Papa-Tudo, Tele Sena e gramática: uma relação não capitalizável. *Revista da APG*. São Paulo: Associação de Pós-Graduandos da Pontifícia Universidade Católica de São Paulo, 7 (15): 149-54, out.

_____. (1998e). Câmara e idioma. *Diário do Grande ABC*, Santo André, 7 out. Setecidades, p. 3.

SINGER, Paulo I. (1996). Um mapa da exclusão social no Brasil. In: PASSETTI, Edson *et alii. Modernidade: globalização e exclusão.* São Paulo: USF/Imaginário. p. 75-113.

SOARES, Magda (1994). *Linguagem e escola*: uma perspectiva social. 11.ed. São Paulo: Ática.

SROUR, Robert Henry (1990). *Classes, regimes, ideologias.* 2.ed. São Paulo: Ática.

STAUB, Augostinus (1992). Perguntas e afirmações que devem ser analisadas. In: KIRST, Marta Helena Barão & CLEMEN-

TE, Elvo (Orgs.). *Lingüística aplicada ao ensino de português.* 2.ed. Porto Alegre: Mercado Aberto. p. 17-31.

TRAVAGLIA, Luiz Carlos (1996). *Gramática e interação:* uma proposta para o ensino de gramática no 1º e 2º graus. São Paulo: Cortez.

Para os erros de redação, assim como para os de composição, porventura escapados à revisão feita pelo Autor, conta este com a indulgência do leitor, dispensando-se, por isso, de incluir aqui a corrigenda de praxe e invocando a consabida e douta sentença de D. Francisco Manuel de Melo: "Da infelicidade da composição, erros da escritura, e outras imperfeições da estampa, não há que dizer-vos: vós os vedes, vós os castigais."

Ensino de língua portuguesa e dominação

Biografia

Sérgio Simka é mestre em língua portuguesa pela Pontifícia Universidade Católica de São Paulo (PUC-SP). Autor de *Reflexões* (crônicas, São Paulo, Edição do Autor, 1984), *Nada a declarar* (crônicas, São Paulo, Editora do Escritor, 1991) e *É pra MIM colocar CRASE ou não?* (gramática, Mauá-SP, Sociedade Jornalística Fioravante, 1996). Colaborou para diversos jornais da região do ABC paulista (Diário das Cidades, Diário do Grande ABC, entre outros) e da Capital de São Paulo (Folha de S. Paulo, Diário Popular e O Estado de S. Paulo – Caderno 2), tendo publicado mais de mil artigos. Tem participação em dez antologias de poesia e contos publicadas nacionalmente. É colunista do jornal POLÍTIKA DO ABC (de São Bernardo do Campo-SP), com a coluna "Como o ABC se Comunica". É professor nas Faculdades Integradas de Ribeirão Pires (FIRP) e na Universidade do Grande ABC (UniABC), de Santo André-SP.

ESTE LIVRO ACABA DE SER COMPOSTO EM GARAMOND E
GEOMETR 231 LT BT NA MUSA EDITORA, EM MAIO DE 2001
E IMPRESSO PELA GRÁFICA BARTIRA
EM SÃO BERNARDO DO CAMPO, SP–BRASIL,
COM FILMES FORNECIDOS PELO EDITOR.